Direito Global

Direito Global

NORMAS E SUAS RELAÇÕES

2023 · 2ª Edição

Salem Nasser

ALMEDINA

DIREITO GLOBAL
NORMAS E SUAS RELAÇÕES – 2ª EDIÇÃO

AUTOR: Salem Nasser

DIRETOR ALMEDINA BRASIL: Rodrigo Mentz
EDITORA JURÍDICA: Manuella Santos de Castro
EDITOR DE DESENVOLVIMENTO: Aurélio Cesar Nogueira
ASSISTENTES EDITORIAIS: Larissa Nogueira e Letícia Gabriella Batista
ESTAGIÁRIA DE PRODUÇÃO: Laura Roberti

DIAGRAMAÇÃO: Almedina
DESIGN DE CAPA: Roberta Bassanetto

ISBN: 9786556278254
Maio, 2023

Dados Internacionais de Catalogação na Publicação (CIP)
(Câmara Brasileira do Livro, SP, Brasil)

Nasser, Salem
DDireito global : normas e suas relações / Salem Nasser. – 2. ed. – São Paulo : Almedina, 2023.

ISBN 978-65-5627-825-4

1. Direito internacional 2. Direito transnacional 3. Regime jurídico 4. Relações internacionais I. Título.

23-146819 CDU-341

Índices para catálogo sistemático:

1. Direito internacional 341

Eliane de Freitas Leite – Bibliotecária – CRB 8/8415

Este livro segue as regras do novo Acordo Ortográfico da Língua Portuguesa (1990).

EDITORA: Almedina Brasil
Rua José Maria Lisboa, 860, Conj.131 e 132, Jardim Paulista | 01423-001 São Paulo | Brasil
www.almedina.com.br

Para Maria Virgínia

AGRADECIMENTOS

É certamente possível pensar sozinho. Ou será, na verdade, impossível? Estava a ponto de dizer que, apesar de ser o exercício individual uma possibilidade, pensa-se sempre melhor em companhia, coletivamente, em boas companhias, de preferência.

Ocorreu-me, então, que talvez não haja qualquer ideia, qualquer tese, qualquer conclusão a que se possa chegar sem que a nossa reflexão tenha sido informada pelo que nos ensinou toda uma vida de contato e diálogo com os outros.

Em certo sentido, portanto, este livro seria, no fundo, um tipo de coautoria; meus parceiros constituiriam todo um mundo de gente, de professores, de alunos, de colegas, de colaboradores, enfim, de todas as pessoas com quem algum dia empreendi alguma troca que tivesse por objeto o Direito, o Direito Internacional, as Relações Internacionais e tantos outros temas.

Deixa, por isso, um gosto de injustiça a impossibilidade de listar todos esses meus parceiros que, sem saber, vinham me carregando nos ombros. Ainda que ninguém esteja obrigado ao impossível, ainda assim eu teria gostado de poder fazer ao menos um gesto de gratidão em direção a cada um. Que saibam todos, no entanto, que sou de fato imensamente grato. Alguns entre esses muitos têm um lugar diferenciado no processo de gênese de um trabalho como este que se tem em mãos. São aqueles que, não apenas me ajudaram a pensar, mas também colaboraram com o mais difícil: permitir que o pensamento adquirisse corpo, que se fizesse corpo, concretamente, e que pudesse se tornar algo apto a ir em direção ao outro.

Essas pessoas, que ajudam a tirar da nuvem abstrata de pensamentos esse objeto que é o livro, linhas na página, casos, notas, frases, é preciso nomear: Adriane Sanctis de Brito, Julia Trindade, Lise Mie Sato, Mariana Mitiko Nomura.

Sou especialmente grato ao professor José Garcez Ghirardi, que foi meu coautor em sentido ainda diverso e mais profundo. Com efeito, várias peças que constituem este livro foram objeto de reflexão e produção bibliográfica conjunta.

Sou igualmente grato aos professores Fernando Cardozo Rei e Aziz Saliba por em terem dado o privilégio de lerem a obra e a comentarem, e também pela honra dos presentes que foram o prefácio e a apresentação deste livro.

Evidentemente, essa obra coletiva que é o pensamento, no sentido em que o apresentei aqui, não pode fazer com que meus parceiros de percurso carreguem comigo a responsabilidade pelo resultado final: quem nos presenteia com essa colaboração no processo de pensar não é responsável pelo que fazemos do presente!

APRESENTAÇÃO

Ele não queria compor outro Quixote – o que seria fácil – mas o Quixote. [...] Sua admirável ambição era produzir páginas que coincidissem – palavra por palavra e linha por linha – com as de Miguel de Cervantes.

Pierre Renard, autor do Quixote.
In: Borges, Jorge Luis. *Ficções*.

É incomum a associação do adjetivo original a livros que têm por intuito a apresentação de uma disciplina aos não iniciados, mormente na área jurídica. Em regra, há coincidência de temas, pouca variação metodológica e a preferência por uma redação sóbria e fria. É mais seguro se acorrentar aos cânones da área, reproduzindo as lições das obras que a academia e o tempo consagraram.

Não foi essa a opção de Salem Nasser neste seu *Direito Global*. Sem ignorar os textos clássicos, o autor teve a coragem de fazer o próprio voo. A primeira nota distintiva entre esta e outras obras jus-internacionalistas que pretendem uma abordagem abrangente e introdutória é a opção pela nomenclatura "Direito Global", indicativa de uma nova angulação para o estudo da disciplina, de uma redefinição de seu escopo e do esforço para analisar "de novos modos o Direito para além dos Estados". A escolha da denominação é justificada e contraposta a outras possibilidades, como "Direito Internacional", "Direito Transnacional" ou "Direito Supranacional".

Além da nomenclatura, o leitor notará outros atributos que, combinados, tornam a obra singular na literatura de Direito Internacional no Brasil. A escolha do temário é um deles: além de temas jus-internacionalistas basilares, como fontes e relação entre Direito Internacional e Direito Interno, há outros mais recentes ou menos frequentes em manuais, como a fragmentação do Direito Internacional, a contraposição entre Direito Internacional e Direito Comunitário, e noções de Direito Comparado. Há ainda a discussão aprofundada de *leading cases*, que serve como recurso para a compreensão dos conceitos centrais do Direito Global.

Talvez a face mais visível da originalidade do autor seja a linguagem fluida e leve, combinada com rigor técnico e profundidade conceitual e analítica, garantindo uma leitura prazerosa, provocadora e informativa. Em suma, é uma ótima introdução para quem se inicia e uma instigante discussão para quem já conhece o Direito Internacional.

Aziz Tuffi Saliba
Professor de Direito Internacional da Universidade Federal de Minas Gerais (UFMG).

PREFACIO À SEGUNDA EDIÇÃO

Ce que l'on conçoit bien s'énonce clairement
Et les mots pour le dire arrivent aisément.

NICOLAS BOILEAU-DESPRÉAUX

Enquanto me dispunha a identificar as modificações, necessárias ou úteis, que caberia fazer em relação à primeira edição deste livro, e tendo avançado na reflexão sem ter transformado de modo significativo o texto original, ocorreu-me a lembrança de uma experiência dos tempos de estudante: aprontando-me para ler a 12ª edição de um *Curso de Direito Internacional*, um clássico entre nós, percebi um traço comum a cada prefácio de cada nova edição: o autor justificava, com base na falta de tempo e outras razões, o fato de não ter operado as atualizações que a matéria e a disciplina demandavam.

Não é o que farei aqui. Quero, neste prefácio, e sobre o fato de ter-se mantido o texto essencialmente o mesmo, oferecer alguns argumentos que pretendem reforçar, aos olhos do eventual leitor, a importância da temática com que se ocupa o livro, e demonstrar que a opção por um texto enxuto, que pretende, confirmando em parte e invertendo em parte o teor da epígrafe acima, enunciar claramente, explicar simplesmente uma realidade complexa que se quer ajudar a conceber bem, continua válida e apropriada para a realização desse objetivo central.

A primeira edição deste livro trazia uma "Nota sobre as Referências" que pretendia explicitar as razões para o caráter econômico da obra, no sentido de apresentar um texto tão liberto de frequentes notas de rodapé quanto possível. A Nota explicava, entre outras coisas, que o livro continha a essência de uma reflexão, de um percurso de pesquisa e ensino que já duram mais de duas décadas. Não se tratava, portanto, de um tratado com a pretensão de reproduzir ou discutir os detalhes de todo um pensar – para não incorrer na falta de modéstia que se poderia ler em eventual menção a um "saber" – acumulado.

Alguém poderia objetar, ou, se mais generoso o crítico, notar com alguma ironia que todo esse percurso resultou "apenas" na conclusão de que há no mundo multiplicidade de normas e diversidade de relações entre as normas, e que era possível descrever esquematicamente essas relações segundo uma arquitetura fundamental como eu faço neste livro. Não seria esse um resultado pobre e não seriam de conhecimento geral tanto a multiplicidade e as relações quanto a arquitetura pela qual podem ser umas e outras representadas?

Essas perguntas revelam em verdade uma tensão, um paradoxo talvez, certamente uma dúvida, que dominam a minha produção de escritos jurídicos, e que parecem se revelar também entre os leitores dessa produção: afinal, trata-se de reflexão profunda, com camadas e de complexidade e tons de sutileza, sob a aparência de textos breves, de linguagem simples – sem entrar aqui em detalhes sobre o que isso possa ser – e cuja intenção didática se faz clara? Ou será antes a simplicidade do texto a demonstração cabal de que não há nada a buscar sob a superfície, de que o público a ser tocado não pode ser senão aquele que dá ainda seus primeiros passos no Direito?

Eu tinha a minha resposta. Dizia eu, na "Nota sobre as Referências" que apareceu com a primeira edição deste livro, que ele revelava uma grande ambição: a de fazer compreensível a essência de um universo muito complexo de relações, ou, digo hoje, a de fazer perceptível a simplicidade fundamental desse universo de normas e suas relações. Resta, é claro, saber se a intenção foi realizada e se o eventual leitor percebe essa realização ou seu fracasso.

Sei que pareço estar aqui compartilhando com o leitor um drama pessoal que não se costuma revelar em textos de teoria ou doutrina jurídica; estes trazem normalmente a marca da segurança e da autoridade de quem escreve. Que me seja permitido esse pequeno desvio em relação à norma: sou antes de tudo uma combinação de estudante e professor; minha primeira intenção é sempre a de aprender e entender, e o melhor caminho para isso é a discussão e a troca. Por isso, empreendo aqui o debate com o leitor.

Recentemente, surgiu um livro, intitulado *Entangled Legalities Beyond the State*,[1] que lida essencialmente com o mesmo objeto de que se ocupa este livro que se tem em mãos: a multiplicidade de normas e a variedade de relações entra elas, daí o título referir-se ao emaranhar das "legalidades", um termo que mereceria discussão mais detida, a ser feita em outro lugar. Trata-se de uma coletânea de estudos de casos em que há esse entrelaçamento de normatividades. Os seus organizadores apresentam a sua discussão como uma novidade, no sentido de que a evidência de que relações e atores estão sujeitos concomitantemente a normas, ordens normativas ou conjuntos de normas diversos não é normalmente percebida! Pelo contrário, apesar de esse fato ser evidente, a tendência é pensar e descrever o Direito segundo o modelo do Estado, do nacional. Assim, nesse livro publicado em 2022, pretendeu-se uma discussão inovadora sobre a realidade do Direito, uma discussão cujo caminho foi percorrido nos poucos últimos anos, ainda que ela inclua a percepção da longa história dos contatos entre as normas na vida das sociedades.

A publicação desse livro e os termos em que ele se apresenta reforçaram a minha convicção sobre a importância do objeto com que eu mesmo me ocupei, assim como sobre a utilidade da intenção de apresentar esse objeto naquilo que chamei de sua arquitetura fundamental. Daí se justificar – talvez se possa dizer que se impõe – a opção de manter essencialmente inalterado o corpo do texto.

Evidentemente, um livro como este não pode conter tudo que se relaciona a seu tema. Sobre o que ele não contém não posso dizer nada aqui, tendo em vista que o leitor ainda não teve a oportunidade de conhecer o argumento e seus desdobramentos. Faço isso nas "Considerações Finais" reconstruídas para acompanhar esta segunda edição.

Salem Nasser

[1] KRICH, Niko (ed.). *Entangled Legalities Beyond the State.* Cambridge: Cambridge University Press, 2022.

PREFÁCIO À PRIMEIRA EDIÇÃO

Agradeço sobremaneira a gentileza do professor Salem Hikmat Nasser em me convidar para prefaciar sua nova obra, *Direito Global*. Aceito e faço-o na qualidade de amigo e colega. Quem prefacia tem comumente a posição de quem introduz a obra, escorado em sua suposta competência, em seu conhecimento na matéria e muitas vezes em seu prestígio. Não é este o presente caso. É com humildade que analiso a obra e com a felicidade de ter o privilégio da prioridade da leitura para então avalizá-la para o público acadêmico a quem se destina.

A reflexão sobre o Direito Internacional pode ser uma viagem... Uma viagem pelos caminhos de uma realidade complexa e (cada vez mais) dinâmica, em que devemos ser capazes de detectar e compreender os fenômenos pelos quais passa a História, sem descuidar das mudanças e das peculiaridades do nosso tempo, e sem descurar seus efeitos no Direito e no pensamento jurídico.

A avaliação dessas mudanças e suas implicações no Direito Internacional têm sido uma pauta devotada nas divergências que tenho com o querido autor ao longo de pelo menos duas décadas, o que nos permitiu construir uma amizade sólida, de respeito e admiração, e muito carinho, talvez porque ambos saibamos que podemos zanzar em nossas avaliações, guiados principalmente pelos nossos anseios, uns de mudança, outros de rigor teórico.

A análise da realidade do Direito Internacional envolve a incorporação de elementos em transformação, sem a perspectiva dominante do Estado e com a valorização de outras estruturas de poder, com suas decorrências jurídicas de pluralismo e implicações normativas. É quando, nas palavras do autor, o Direito entra em contato e "disputa espaço com outros fenômenos e dinâmicas que também dão ordem à vida em sociedade".

Se for possível buscar uma linha comum entre os nossos enriquecedores desacordos teóricos, ela está pautada pela diferença entre o que entendemos ser Direito Internacional e o que não é Direito Internacional, e suas consequências de expansão e fragmentação. Essa divergência, inclusive, levou-me a distinguir, no âmbito do Direito Internacional voltado às questões da proteção ambiental, o Direito Internacional do Meio Ambiente (em cujas aulas do Programa de Doutorado em Direito da Faculdade de Direito do Largo de São Francisco, na qualidade de assistente do saudoso professor Guido Fernando da Silva Soares, conheci o autor) do hodierno Direito Ambiental Internacional (disciplina que leciono no Programa de Doutorado em Direito da Universidade Católica de Santos), marcadamente inter e multidisciplinar. O rótulo, entretanto, não indica o conteúdo da embalagem!

Contudo, esta obra, esta viagem, nos aproxima e nos encaminha para trajetórias de acertos, já que avança no reconhecimento de que o Direito Internacional foi penetrado por novas ideias e que a teorização pura incorpora – finalmente – uma visão prático-teórica: a de pensar novos modos para o Direito para além dos Estados, expandindo o conceito do Direito, abarcando novas formas de normatividade e admitindo a relevância do papel e da dinâmica da governança global.

E aí coincidimos que esse novo Direito é pluralista nas suas fontes, é global, supranacional, transnacional e local ao mesmo tempo, opera uma ruptura necessária com o nominalismo e promove uma releitura sobre o legalismo e o conceitualismo. E essa viagem não traz um conhecimento feito, acabado, tranquilizador; apresenta uma proposta ou mesmo um desafio de conceber novas arquiteturas para os sistemas jurídicos.

Saúdo essa ruptura jurídica com o positivismo tradicional que permitirá o relacionamento entre normas de diferentes regimes jurídicos ou mesmo entre normas autônomas e independentes, criando um diálogo essencial para a estruturação de um mundo normativo amplo, que, nas palavras do autor, "a própria percepção, abstrata, da possibilidade dessas múltiplas relações, talvez baste como saber útil". Trata-se de uma provocação de que o Direito transforma a realidade ao mesmo tempo que transforma a si mesmo.

Não tenho dúvidas de que é uma construção inquietante; é uma viagem por paradas onde o desembarque se faz necessário. Talvez sejam as paradas o fio condutor que une as partes desta obra, levando a todas e de todas a luz que aclara o caminho a percorrer. Há que pensar na fragmentação do Direito Internacional; há que compreender a arquitetura do Direito Comunitário; há que conhecer a diversidade de tradições jurídicas; há que refletir sobre as relações entre sistemas jurídicos, entre sistemas e tradições, entre sistemas jurídicos e normas não jurídicas; há que aplaudir a riqueza do fenômeno normativo não jurídico em dimensão global para, depois de tantas escalas, finalmente ter diante de si o conjunto alumiado do fenômeno normativo – unindo o jurídico e o não jurídico, em uma abordagem da normativa global.

Em uma frase: uma viagem que questiona o Direito Internacional em seus estalões para conduzir o leitor pela crescente necessidade de trazer respostas e regulamentação aos anseios da sociedade internacional em contextos históricos cada vez mais complexos.

Não é uma obra para quem tem pressa. Ela é fruto da maturidade intelectual do autor, que inicia um debate profundo, talvez inédito, e, embora conciso e pedagógico – inclusive na abordagem de "casos" –, traz uma fundamentação densa e requer uma leitura pausada e de continuada reflexão, que afastará do leitor a sensação de calmaria.

Por último, gostaria de registrar que foram diversas as deleitosas emoções que acumulei na viagem que fiz por estas páginas e que seguramente voltarei a percorrer em novos passeios, como quem volta a uma estrada de bom caminho para desfrutar de todas suas curvas e paisagens.

FERNANDO CARDOZO FERNANDES REI
Programa de Doutorado em Direito Ambiental Internacional
da Universidade Católica de Santos.

SUMÁRIO

1.
AS ANDANÇAS DE UMA IDEIA

Jean Baudrillard talvez tenha acertado ao dizer que, com sorte, as pessoas têm uma única ideia e logo passam o resto da vida a girar em torno dela.

É difícil superestimar a importância do impacto que tem, sobre os alunos de Direito, a leitura de Teoria Pura do Direito, de Kelsen, quando têm a sorte de serem, por essa via, introduzidos à compreensão do universo jurídico.

Há algo de fascinante na proposta de um mundo, aquele das normas jurídicas, completo, distinto, coerente, fechado, estruturado, lógico. A fascinação talvez se faça acompanhar por alguma tranquilidade, algum conforto, derivados um e outro da ideia de que há fronteiras claras delimitando os contornos do objeto a ser estudado e compreendido. Mas não é preciso colocar isso na conta de alguma covardia; aquele universo fechado oferece complexidades e sutilezas tais a desafiarem os espíritos mais brilhantes. E, de novo, lá está a fascinação com os mistérios do "ordenamento jurídico", do sistema.

Durante muito tempo, essa representação do Direito, oferecida por aquele pensador tão talentoso, e a compreensão que eu pensava ter da teoria me bastavam, e talvez não seja exagero dizer que constituíam a totalidade da minha relação com o Direito, como teoria e também como formação universitária. Todo o resto, se aparecia, era sempre coadjuvante.

Afinal, se aquela construção teórica aparecia como tão definitiva, tão total, e se era apreendida de modo razoável, o essencial do Direito não estaria já? Alguém poderá dizer que esse é um bom modo de apresentar, e justificar, um percurso acadêmico apenas mediano e uma relação pouco íntima com o Direito e suas disciplinas e ramos. E pode ser que haja mérito na hipótese.

De todo modo, apenas tardiamente, ao entrar em contato com o Direito Internacional, uma nova vida foi insuflada na minha relação com o estudo do jurídico.

Por um lado, talvez paradoxalmente, o Direito Internacional oferecia uma quase fuga do Direito, abrindo as portas para a percepção dos grandes jogos de poder, para as relações entre Estados, grandes e pequenos, para a guerra e para a paz, para o futuro do mundo. Contratos de locação, divórcios e mesmo crimes não tinham como competir.

Uma quase fuga do Direito porque, de fato, as relações internacionais apareciam como um cavalo selvagem demais para ser contido por um frágil arreio jurídico. Por numerosas vezes essas relações escapavam, como ainda escapam, a quaisquer contenções que lhes queiram impor as normas ou as instituições.

Era, ao mesmo tempo, um convite à modéstia em relação aos limites de nossa ciência ou do nosso objeto de estudo e uma libertação da sua linguagem e da sua lógica, sempre demandantes de precisão.

Por outro lado, por ser justamente o único freio a tentar conter esse corcel sempre disposto à disparada e à violência, o Direito Internacional comanda o nosso respeito. E mais, por tentar fazer o que faz sendo fiel à precisão de sua linguagem e de sua lógica, chama a um respeito ainda maior.

Enfim, em uma fórmula curta: um Direito sempre limitado, mas precisando ser sempre Direito! Um desafio de monta para aquilo que pretende regular o funcionamento do mundo. E que objeto de estudo fascinante!

As limitações da ordem jurídica internacional poderiam muito bem ser a confirmação da Teoria Pura de Kelsen, que implica a distinção clara e a separação entre o que pertence ao ordenamento e o que está fora dele. O Direito, afinal, não poderia se responsabilizar pelo que não está contido em si.

Já a necessidade de continuar sendo Direito, fiel às especificidades do jurídico, impunha um salto, uma sofisticação daquilo que se pensava ter entendido da Teoria Pura. Afinal, o que fosse verdade para o Direito, que até ali tinha sido pensado como um sistema fechado que coincidia com os contornos de um ordenamento jurídico nacional, teria de ser verdade para um tipo diferente de ordem jurídica, destinada a regular as relações entre Estados soberanos, cujas normas eram criadas por via de fontes diferentes e aplicadas por instituições que em nada se parecem com os tribunais nacionais.

Sim, é verdade que em algum momento se descobre que a Teoria Pura não é a única a tentar explicar o Direito. Para todas as teorias, no entanto, dar conta do Direito Internacional constitui um desafio específico. Sempre, desde que aceita a premissa de ser essa ordem normativa "Direito", deve-se fazer a prova de que a teoria serve para explicar não só as ordens nacionais, mas consegue fazê-lo igualmente para a ordem internacional.

Eu sempre aceitei essa premissa e com o tempo desenvolvi a convicção de que as várias teorias do Direito, a despeito das diferenças que podiam ostentar, convergiam e se encontravam na necessidade de reconhecer uma especificidade às normas jurídicas, uma especificidade intimamente ligada ao reconhecimento da norma como pertencente a uma ordem jurídica. A mesma especificidade e o mesmo pertencimento podiam, podem e devem ser buscados para as normas do Direito Internacional, ainda que os caminhos percorridos sejam outros.

Ao longo dos anos, encontrei muitos e brilhantes teóricos do Direito, preocupados com grandes questões: com as relações entre a liberdade e o Direito, entre o poder e o Direito; com a questão da justiça e dos direitos humanos; com a construção do estado de direito e com os critérios para a sua identificação; enfim, com a grande questão: o que é o Direito? Sempre, nesses encontros, eu queria saber se era possível transferir, e como fazê-lo, aquelas reflexões para o âmbito do Direito Internacional. A resposta era invariavelmente frustrante: meus interlocutores professavam uma "ignorância específica sobre o Direito Internacional".

Havia então toda uma agenda de perguntas com as quais desafiar a teoria do Direito e o Direito Internacional, e desafiar também a minha compreensão de uma e outra coisa.

A limitação do Direito, e logo aquela ainda mais marcada, do Direito Internacional, é um dado da vida, com o qual se deve aprender a viver. Não se pode esperar do jurídico que ele nos explique e regule o mundo e todas as coisas. Forçosamente, portanto, enquanto age sobre o mundo, o Direito entra em contato, se choca e disputa espaço com outros fenômenos e dinâmicas que também dão ordem à vida em sociedade. E ele também pode colaborar com esses fenômenos e dinâmicas.

Minha convicção, persistente, é de que, enquanto atua e interage com todas as coisas que não são o Direito, o jurídico não perde, nem deve perder – não deve trair ou subverter – a especificidade de sua linguagem, aquela apoiada na obrigatoriedade, na validade, no pertencimento de suas normas a um ordenamento jurídico. Talvez fosse mais apropriado dizer que os homens e mulheres, enquanto operam e pensam o Direito, não deveriam perder a capacidade de olhá-lo desde dentro e de respeitar essa especificidade. Afinal, o Direito não tem vida fora do que nós fazemos com ele, e essa é sua outra particularidade.

Fazer diferente é abrir o caminho para o abandono da diferença entre o Direito e o que não é Direito, e mais especialmente da diferença entre o Direito e outros, numerosos e diversos, fenômenos normativos. O caminho da indiferenciação, que pode levar a uma concepção do Direito como compreendendo a totalidade das normas ou, alternativamente, a uma concepção do Direito que faça com que ele não signifique nada, deve ser percorrido por cada um por sua própria conta e risco.

Essa minha convicção revelou-se em toda a sua força justamente quando foi pela primeira vez desafiada. O desafio se deu em uma sala de aula em que eu e meus colegas éramos apresentados a um relativamente novo e inovador Direito Internacional do Meio Ambiente. Logo percebi que eu era ali o menos entusiasmado com as decantadas novidades desse Direito. Foi ali que descobri, também, que uma atitude militante pode transformar a nossa compreensão pessoal da teoria jurídica.

Havia naquele ambiente um convite geral a uma ampliação dos confins do Direito, a uma expansão que o levasse a incluir em seu seio normas com base na relevância do seu conteúdo, de sua matéria. Buscava-se subverter os critérios de pertencimento das normas dados pelo próprio Direito. Posto que falávamos de Direito Internacional, também havia o convite para nele enxergar uma hierarquia entre normas, antes desconhecida, decorrente também da importância do conteúdo normativo.

Esses convites não eram gratuitos, tampouco levianos. Eles eram tentativas de responder aos desafios que se impunham ao Direito Internacional, à necessidade de que esse Direito oferecesse respostas a questões de justiça e também de sustentabilidade da vida na Terra. Essencialmente, de acordo com o argumento, um Direito que tivesse que esperar pela norma costumeira, esperar que suficiente prática e suficiente convicção se formassem para que uma resposta jurídica fosse dada a um problema urgente, ou que tivesse que esperar pelas circunstâncias em que a vontade dos Estados convergiria e aportaria essa resposta, na forma de um tratado, não seria um Direito suficientemente bom.

O mundo era então muito mais complexo do que já fora (e o é ainda mais hoje). Novos temas se impunham aos Estados e ao que poderíamos chamar de sociedade internacional (incluindo, portanto, outros atores que não os Estados). Alguns desses novos temas colocavam em questão, talvez pela primeira vez de modo concreto, a possibilidade de continuidade da vida humana! Assim, era necessário, pensavam muitos (e muitos ainda pensam), que o Direito Internacional pudesse surgir de novos modos, por via de novos instrumentos, e também que, dentro do Direito Internacional, algumas normas fossem vistas como "mais obrigatórias do que outras". Assim, então, a minha convicção sobre a necessidade de respeitar a linguagem do Direito, e também a minha convicção de que era preciso ser fiel às especificidades do Direito Internacional foram conjuntamente desafiadas por duas noções que viriam a me ocupar, uma mais, outra menos, ao longo dos anos seguintes: eram elas a noção de *soft law* e aquela de *jus cogens*.

Minha reação, talvez ainda marcada por um instinto de defesa, foi decidir pela elaboração de uma tese de doutorado que desse conta dos desafios que vivia o Direito Internacional, que relatasse os chamados a uma transformação dessa ordem jurídica, mas que colocasse em seu devido lugar tanto o *soft law* quanto o *jus cogens*, mostrando, entre outras coisas, que a adoção da relevância do conteúdo como critério de juridicidade operava um encontro, em alguma medida absurdo, entre o que era "menos do que Direito" e aquilo que seria "um Direito mais Direito do que o Direito". Homens, talvez mais sábios do que eu, e certamente mais experientes, me fizeram ver que aquela talvez fosse uma agenda de pesquisa para toda uma carreira no Direito, e que eu faria melhor se circunscrevesse minhas preocupações ao *soft law*.[2]

[2] A tese resultou no livro *Fontes e normas do Direito Internacional*, publicado pela editora Atlas em 2006, cf. NASSER, Salem Hikmat. *Fontes e normas do Direito Internacional*: um estudo sobre a *Soft Law*. 2. ed. São Paulo: Atlas, 2006, e, mais recentemente, reeditada pela Amazon. Ali eu

Assim fiz, mas em certa medida não pude evitar o impulso de já começar a girar em torno da única ideia que talvez intuísse ter tido. O desenho de um panorama do *soft law* e a discussão do fenômeno foram os caminhos pelos quais afirmei, em parte, a minha convicção sobre linguagem interna e especificidade do Direito, e em que reconheci, também em parte, a interação entre o Direito e outros fenômenos normativos, e o papel que esses últimos podem ter na evolução do primeiro.

A verdade era que, após ser levado, pela descoberta do Direito Internacional e de suas especificidades, a uma percepção da pluralidade do fenômeno jurídico, ou seja, da existência de mais de um modo de perceber o Direito, e de mais de um modo de o Direito operar, a reflexão sobre o *soft law* me permitira expandir o horizonte da reflexão em direção a um pluralismo normativo não limitado ao jurídico. E, talvez mais importante, me permitira também um olhar, necessário, para as relações possíveis entre os elementos desse universo plural.

As mesmas ideias fundamentais, a da pluralidade do jurídico (e, por extensão, do normativo para além do Direito), aquela da diferença e da especificidade, e também aquela outra das relações possíveis entre os diversos, se mostraram mais uma vez constitutivas do que chamei a "única ideia" com que eu tropeçara em algum lugar do caminho, quando fui chamado a pensar o Direito Islâmico como um Direito muito diferente, de origem religiosa e, portanto, fundado em visão de mundo e dotado de linguagem própria muito especial, e logo chamado a pensar também a relação desse Direito com os sistemas jurídicos nacionais e com o ordenamento internacional.[3]

Ao mesmo tempo em que essa expansão de horizontes se dava, eu continuava a me preocupar com o funcionamento do Direito Internacional e com a sua capacidade de realizar suas funções, de evitar os conflitos e de permitir a cooperação entre os Estados para bem responderem aos

cometia o que hoje me parece um equívoco, seguindo uma tendência generalizada entre nós de falar de *soft law* como um substantivo feminino. Hoje opero a inversão, posto que o equivalente ao *law*, na expressão, seria em português o Direito.

[3] NASSER, Salem Hikmat. Direito Islâmico e Direito Internacional: os termos de uma relação. *Revista Direito GV*, v. 8, n. 2, p. 725-744, 2012.
NASSER, Salem Hikmat. Seria a *sharia* a única fonte do direito nos países árabes? *In*: ARAÚJO, Heloisa Vilhena (org.). *Diálogo América do Sul* – Países árabes. Brasília: Funag, IPRI, 2005. p. 37-64.

desafios que a Humanidade enfrenta. Isso, é claro, na medida em que se admite a premissa de que o Direito *deve* guardar alguma relação com a Justiça. Enfim, eu pensava as condições para o que se poderia chamar de *rule of law* em Direito Internacional.[4]

Mas eis que as mesmas razões que desafiavam o Direito Internacional, o chamamento a lidar com cada vez mais temas, e que davam lugar ao surgimento de instrumentos de quase-direito (*soft law*), aparecem também como as condicionantes de um fenômeno que, justamente, constitui um complicador e um possível óbice à capacidade do Direito Internacional de realizar as suas funções.

Esse fenômeno é aquele que combina a expansão e a especialização dessa ordem jurídica; ao mesmo tempo em que esse Direito conhece um número crescente de normas e instituições, ele vê uma tendência dessas normas e instituições de se reunirem em *clusters* especializados. Dá-se, assim, o que se chamou de fragmentação do Direito Internacional. Ou seja, verifica-se um outro tipo de pluralismo, aquele das partes de um mesmo sistema jurídico, de seus regimes, e esse pluralismo impõe a reflexão sobre as relações possíveis entre essas partes.[5]

Para esse pluralismo interno a uma ordem jurídica e para as relações entre as suas partes, as respostas estão, sim, mais uma vez, na aderência à linguagem e aos mecanismos de funcionamento do próprio Direito.

Mas, e quanto ao pluralismo ou aos pluralismos que não estão circunscritos ao Direito Internacional? Cabe aqui a distinção entre um pluralismo de "Direitos" e um pluralismo que não está limitado ao universo das normas jurídicas.

Para a diversidade de Direitos e para as relações entre os diversos sistemas jurídicos, o mais certo é que esses próprios sistemas concebem as suas respostas, que serão postas em operação dependendo da posição

[4] NASSER, Salem Hikmat. Rule of Law e Direito Internacional: uma nova aproximação. *In*: VILHENA, Oscar; DIMOULIS, Dimitri (ed.). *Estado de Direito e o desafio do desenvolvimento*. São Paulo: Saraiva, 2011. p. 59-78.

[5] UNITED NATIONS. International Law Commission. Report on the work of its fifty-eighth session (1 May to 9 June and 3 July to 11 August 2006). General Assembly Official Records, Sixty-first Session Supplement No. 10 (A/61/10). Disponível em: https://legal.un.org/ilc/documentation/english/a_cn4_l682.pdf. Acesso em: 6 maio 2021; NASSER, Salem Hikmat. Direito Global em pedaços: fragmentação, regimes e pluralismo. *Revista de Direito Internacional*, v. 12, p. 98-126, 2015.

relativa de quem está tentando aportar uma solução que poderíamos chamar de relacional ou conflitual. Aos de fora, meros observadores, caberá perceber os movimentos de um jogo em que cada sistema agirá de acordo com suas regras e sua lógica interna.

Resta então o caso mais difícil do pluralismo, que não se limita ao Direito; um pluralismo simplesmente normativo, ou seja, aquele em que as normas não necessariamente carregam a marca da especificidade do jurídico, ainda que possam carregá-la (já que não estamos falando de um pluralismo que exclua o Direito, mas sim de um pluralismo que se estende para além dele).

Aqui, uma percepção em certa medida assustadora vai se condensando aos poucos e se impondo como um peso a quem pretende, ou é levado, a pensar nessa diversidade e nas relações que ela pode conter.

Os Direitos, os sistemas jurídicos, os nacionais e o internacional, as famílias e as tradições jurídicas, são diferentes entre si, mas todos têm algo em comum: a ideia da especificidade das suas normas, da validade, da obrigatoriedade. Nesse sentido, são todos diferentes, mas são todos Direito.

Quando se volta o olhar para o universo das normas que estão do lado de fora dessa identidade comum típica do jurídico, percebe-se a falta que fazem a noção de validade da norma e aquela de pertencimento a um sistema estruturado e coerente. Como agrupar, como classificar as normas? Como diferenciar? Como relacionar? Como compreender os efeitos e a incidência sobre os comportamentos? Como entender o papel de cada conjunto de normas (desde que se possa agrupá-las), de cada tipo de normas (desde que se possa distinguir tipos), de cada instituição ou mesmo de cada norma singular, no funcionamento do mundo?

O esforço para responder a todas essas perguntas implica olhar para os autores das normas, para os temas com que lidam, para os propósitos a que servem ou querem servir e para o modo como pretendem intervir no funcionamento das sociedades, e mais especialmente da sociedade internacional.

E logo, se se obtém algum sucesso nesse esforço, sempre incompleto, condenado sempre a uma boa medida de casuísmo, restará ainda a tentativa, ainda mais temerária, de enxergar a provavelmente infinita quantidade de relações possíveis entre conjuntos normativos, entre instituições e entre normas singulares.

O conforto da Teoria Pura há muito me abandonou, ainda que frequentemente ela, a teoria, venha me tentar com promessas de um mundo do Direito em alguma medida murado, dotado de uma complexidade ainda apreensível e passível de compreensão, um lugar em que todos falam a minha língua.

A pirâmide, ela mesma, explodiu diante dos meus olhos e se transformou em todo um universo de normas, um universo que me aparece como firmamento estrelado. Se me vejo circular entre os elementos flutuantes e quando apuro o olhar percebo um sem-fim de fios a conectarem as normas, a constituir constelações de diferentes formatos que, por sua vez, estão conectadas umas às outras por outros fios. Talvez para o meu relativo conforto, algumas constelações têm justamente a forma de uma pirâmide! Mas isso é antecipar já o começo da viagem.

Aquela minha ideia solitária hoje me leva à exploração desse todo complexo de normas e de relações. Na verdade, quero imaginar um viajante, um curioso observador, que vai adentrar o que aparecerá de início como um firmamento, um universo de normas, um firmamento de pontos brilhantes que logo se revelarão normas. Essa viagem é o que se conta a seguir.

2.
OS NOMES E AS COISAS: SEMPRE UM BOM COMEÇO

Esse universo de normas, esse firmamento, teria algum nome? Como poderia ser chamado?

Antes disso, no entanto, uma distinção clássica vem à mente e pode ajudar a organizar o pensamento. O Direito é, primeira e concretamente, constituído por normas que regulam os comportamentos e organizam as sociedades. Já se disse antes que é habitual reconhece especificidades às normas que compõem o Direito, as quais normalmente se organizam em sistemas. No entanto, neste momento, podemos dispensar essas qualificações e ficarmos apenas com o fato de que podemos chamar a um conjunto de normas, ainda que indeterminado, pelo nome de "Direito". Contudo, podemos igualmente nos referir ao Direito enquanto *ciência*.

E também podemos chamar de Direito uma *disciplina*. O Direito enquanto ciência e enquanto disciplina é especialmente relevante na academia e nas escolas de Direito. Ali é, na verdade, o pão de cada dia.

O Direito enquanto ciência dispensa, normalmente, qualquer qualificativo ou complemento. O vocábulo "Direito" pode e costuma, nessas horas, aparecer sozinho. Já as disciplinas que pretendem estudar e discutir essa ciência são normalmente chamadas Teoria do Direito ou Filosofia do Direito.

Isso não quer, obviamente, dizer que só se usa a palavra, sem qualquer complemento, para se referir ao Direito enquanto ciência. A referência pode ser dirigida à realidade concreta constituída pelas normas, mas uma tal referência seria vista como ampla demais na medida em que não faria recortes e delimitações em torno de um certo número de normas. Seria uma referência excessivamente genérica e a sua própria abstração a aproximaria de uma noção de "natureza" ou "essência" do jurídico, e convidaria à investigação científica sobre aquela natureza e aquela essência.

Mais comumente, portanto, encontraremos o termo Direito secundado por algum complemento, algum adjetivo: Direito brasileiro, Direito Penal, Direito Civil, Direito Privado, etc.

Esses adjetivos operam recortes no universo jurídico e se referem, normalmente, a um conjunto de normas existentes e operantes concretamente no mundo; ou conteúdos estudados e discutidos no seio de uma disciplina. Muitas vezes, os nomes coincidem, e uma disciplina chamada, por exemplo, Direito Penal, tenderá a estudar justamente aquele conjunto de normas que lida com crimes e penas, e que teria, no mundo das normas concretas, o mesmo nome.

Por vezes, no entanto, não há coincidência entre os nomes, e a razão mais comum para isso é, e mais uma vez, normalmente, que se concebe uma disciplina para estudar algum aspecto da vida do Direito que não estará corporificado no mundo do Direito enquanto um conjunto de normas.

A precedente discussão talvez secrete uma certa sensação de abstrato. Mas a ideia que se quer transmitir é de fato muito simples. Talvez uma ilustração seja útil.

Quando a Fundação Getulio Vargas criou a sua Escola de Direito em São Paulo e confiou a alguns juristas a tarefa de conceber o seu plano institucional e seu programa de disciplinas, estes consideraram apropriado que o curso de graduação não tivesse as tradicionais disciplinas de Direito Internacional Público e Direito Internacional Privado, mas sim que fossem ministrados cursos com o nome de Direito Global.

Ainda que o plano institucional contivesse alguma explicação e alguma justificativa, que convidavam a um olhar renovado sobre a relação entre o jurídico e o internacional, bem como a algum apagamento das fronteiras entre o Direito Internacional Público e aquele Privado, isso não garantiu ao grupo de pesquisadores depois encarregados de construir o conteúdo e os materiais das disciplinas assim nomeadas as condições para alguma concordância sobre o seu sentido.

A pergunta fundamental ali podia ser assim anunciada: estava-se diante de um novo conjunto normativo, diante de um novo sistema jurídico talvez, diferente do Direito Internacional Público e diferente dos Direitos Nacionais; ou o que se tinha era um novo nome que pretendia significar apenas um modo renovado de olhar para os ordenamentos jurídicos antes existentes e um novo caminho para o seu estudo? Ou seja, o nome da disciplina corresponderia a um Direito efetivamente existente "fora da disciplina", no mundo real, distinto e diferente de outros "Direitos" existentes concretamente, ou não?

Evidentemente, para quem ali acreditava na necessidade de verificar-se a especificidade das normas jurídicas e o seu pertencimento a uma ordem jurídica, era difícil aceitar a existência concreta de um Direito Global, se este deveria significar um novo sistema, distinto dos anteriormente existentes. Afinal, quais seriam as fontes desse Direito? Qual o critério de pertencimento das normas dado pela nova ordem? Quem seriam os sujeitos reconhecidos como dotados de personalidade jurídica? Etc.

Quem insistia em que a expressão Direito Global correspondia a um fenômeno concreto do mundo do jurídico, ou ao menos do mundo normativo, evidentemente sustentava convicções diferentes sobre a natureza do Direito e suas normas.

A discussão é possível sobre o lado da contenda em que estaria a razão, mas o mais importante não é saber quem estava certo. O mais importante é que a pergunta seja possível. É a compreensão de que os nomes não se relacionam apenas com os objetos ou fenômenos concretos que nomeiam, mas dependem daquilo que os seus usuários resolvem lhes emprestar enquanto conteúdo semântico.

O "Direito Global" que era objeto daquela discussão poderia, portanto, nomear um conjunto de normas, em princípio jurídicas, que por alguma razão mereceria o epíteto de Global. Ou, alternativamente, a expressão poderia simplesmente referir ideias, conceitos, impressões sobre algo que acontece com o Direito em um cenário que se poderia chamar de Global. De todo modo, a noção aponta para uma ideia importante: aquela do Direito fora dos confins do nacional, para além das fronteiras e do território do Estado. E para essa ideia básica, ainda que não simples porque abarca potencialmente fenômenos numerosos e complexos, concebe-se nomes diversos, entre eles o de Direito Global.

Como acontece em relação a todas as coisas nomeadas, também em relação ao Direito que de algum modo opera fora do nacional ou que de algum modo transborda as fronteiras desse nacional é possível buscar dois tipos de significação para os nomes que se escolhe usar: o sentido dado pelo usuário individual e aquele consensuado em certa medida em algum coletivo ou comunidade de conhecimento.

As escolhas que cada indivíduo faz, ao resolver nomear um fenômeno qualquer, fogem ao controle de quem quer que não seja esse mesmo indivíduo. O maior incentivo para emprestar à escolha um sentido que se aproxime de algo comum ou consensuado é a possibilidade de se fazer entender e de comunicar. Ainda assim, mesmo escolhendo ficar distante do comum, é possível fazer-se entender desde que se explicite o conteúdo da escolha e o sentido que se dá aos nomes. Mapear essas escolhas individuais na medida em que elas podem afastar-se do consensual ou usual não interessa aqui. Há, no entanto, os nomes mais comumente encontráveis e que soem carregar sentidos mais ou menos usuais ou reconhecíveis. Normalmente, expressam aspectos diversos do fenômeno básico apontado acima, designado genericamente como o Direito para além do Estado.

2.1. Direito Internacional

O primeiro nome, ou melhor, o primeiro qualificativo que se acopla ao Direito para expressar o fenômeno, e certamente o mais usual, o mais conhecido, é o "internacional". Direito Internacional é a expressão mais comumente usada para referir um Direito que opera fora das fronteiras do Estado e também para referir o Direito que de algum modo coloca em relação os Estados ou os ordenamentos jurídicos estatais. O seu uso, no entanto, conhece variações de sentido, algumas significações sendo mais amplas, outras mais precisas e restritas.

O nome, em sua origem e em sua etimologia, indica tratar-se especificamente da regulação jurídica incidente sobre as relações entre os Estados (inter + nacional). Este é o uso que surge com a consolidação da ideia de Estados nacionais, sempre soberanos, que, ao se relacionarem uns com os outros, produzem as normas jurídicas que regularão essas interações. A produção, assim como a operação do Direito é, nesse sentido, internacional.

Mais relevante talvez do que a etimologia, no entanto, é o fato de que é consensual a referência ao Direito Internacional como aquele que opera entre os Estados e, ainda mais importante, o fato de que esse é o nome que se dá a uma ordem jurídica, a um ordenamento, unitário e coeso, estruturado sistemicamente, que regula as relações entre os Estados.

Está-se falando, é claro, do Direito Internacional Público, já que também é razoavelmente consensual a compreensão de que quando a expressão "Direito Internacional" vem desacompanhada de complemento está fazendo referência àquele Público.

É certo que também o Direito Internacional Privado remete àquela ideia genérica do Direito para além do Estado, mas, como veremos adiante, ele, segundo a frase consagrada, não é nem internacional, nem privado. Na verdade, o que assim se chama é antes uma série de normas e critérios dados pelo Direito Interno para de algum modo lidar com outros Direitos Internos.

Sobre as características diferenciadoras do Direito Internacional (Público), mais será dito à frente.

2.2. Direito Transnacional[6]

Se o uso e o consenso nos proveem com suficiente segurança em relação ao Direito Internacional, o mesmo não se pode dizer da noção de Direito Transnacional.[7]

Sempre podemos nos valer da etimologia para buscar um rumo e começar a investigação. O que pode querer significar um Direito que seria "trans + nacional"? A primeira intuição nos diz, com razão, que se deve tratar de normas que de algum modo atravessam os Estados nacionais, ou que transitam por sobre esses Estados e suas fronteiras. Isso, é claro, se estivermos pensando em um conjunto, ou uma pluralidade, de normas

[6] O texto que segue é uma adaptação de um trecho contido no artigo que produzi com José Garcez Ghirardi, cf. NASSER, Salem Hikmat; GHIRARDI, José Garcez. Law and Globalization: A Critique of a Dialectic Relation. *Revista da Faculdade de Direito da UFMG*, Belo Horizonte, n. 77, p. 339-357, jul./dez. 2020.

[7] JESSUP, Phillip. Transnational Law. New Haven: Yale University Press, 1956, *apud* SALMON (2001), p. 394.
UNICEUB. Direito Transnacional. *Revista de Direito Internacional*, v. 13, n. 3, 2016, p. 25.
NASSER, Salem Hikmat. Comentário – Capítulo V: O Supremo Tribunal Federal em face da transnacionalidade do Direito. *In*: NEVES, Marcelo (coord.). *Transnacionalidade do Direito* – Novas perspectivas dos conflitos entre ordens jurídicas. São Paulo: Quartier Latin, 2010. p. 299-302.

que viajariam, assim, através das fronteiras e se aplicariam a relações não sujeitas ao Direito Estatal, pelo menos não exclusivamente, e que tampouco seriam relações entre Estados.

Se a referência é feita a uma disciplina com esse nome, então as possibilidades de sentidos são as mais variadas e poderiam ser numerosas demais para serem mapeadas.

A expressão, no entanto, como significando um certo número de normas com esse tipo de aplicação, ou um conjunto de fenômenos que afetariam o Direito enquanto ele circula por esse espaço "transnacional" tem um histórico. Ele não chega a constituir um consenso, mas antes forma um conjunto de possibilidades.

A noção de normas que se aplicam a ações e fatos que transcendem as fronteiras nacionais não é nova. Em 1956, Phillip Jessup escolheu chamar a totalidade dessas normas de Direito Transnacional.[8] A escolha foi inteligente e continuou a ter implicações importantes.

Ela claramente diferencia esse conjunto normativo do Direito Nacional e também do Direito Internacional. Essa diferenciação não implica um fechamento hermético de um conjunto em relação aos demais. Na verdade, na concepção de Jessup as normas do Transnacional podiam pertencer e muitas vezes pertenciam aos Direitos Nacionais e ao Internacional.

A expressão tem também a vantagem de se concentrar nas relações que transcendem as fronteiras nacionais, aquelas que podem ser vistas como atravessando essas fronteiras ou pairando sobre elas, ignorando-as. Relações que não seriam simplesmente "inter-nacionais".

Era também uma escolha inteligente porque diferenciava entre um conjunto de normas concebido de modo fluido e outros conjuntos normativos que também lidam com relações que atravessam as fronteiras, mas que são mais específicos em seu escopo e seu campo de aplicação. Um desses conjuntos é o do Direito Internacional Privado que, como veremos adiante, é parte do Direito Interno que lida com competência internacional dos tribunais nacionais e com a aplicação por esses tribunais de leis estrangeiras. Outro é o que se poderia chamar de Direito Supranacional, que discutiremos a seguir.

[8] JESSUP, Phillip. *Transnational Law*. New Haven: Yale University Press, 1956, *apud* SALMON (2001), p. 394: "*tout le droit qui réglemente les actions ou les événements qui transcendent les frontières nationales*".

A concepção e a definição do Direito Transnacional continuam sendo, no entanto, coisas fluidas. Uma prova de que tanto normas do Direito Interno quanto aquelas do Internacional podem integrar esse conjunto normativo é dada por uma evolução no uso da expressão que, a partir de certo momento, e para muitos, passou a designar especificamente aquelas normas que regulavam as relações de investimento internacional, mais especialmente as relações entre Estados e investidores estrangeiros.[9] Está claro que esse campo das relações internacionais está coberto por normas nacionais e por outras internacionais, ainda que possa também conhecer aquelas de produção distinta.

De todo modo, resta claro que a expressão Direito Transnacional pode servir a indicar, a apontar para um conjunto de fenômenos de normatização das relações que atravessam as fronteiras, mas não serve a uma diferenciação precisa de um conjunto normativo em relação a outros.

Enquanto indicador do fenômeno, o seu uso aparece como mais apropriado para a menção retórica às condições de aplicação das normas, ou para a transformação do fenômeno normativo em contexto de intensificação das trocas inter ou transnacionais. É algo que se pode usar com facilidade quando se quer estudar casos específicos em que essas relações revelam algo sobre a transformação do normativo.[10]

2.3. Direito Supranacional

Assim como acontece com a expressão Direito Transnacional, também aquela de Direito Supranacional[11] é muitas vezes usada com intenções mais marcadamente retóricas, mas referindo fenômenos que se inserem, pela sua natureza própria, melhor no Direito Internacional. Talvez se busque algum efeito de mistério.

É certo, no entanto, que, pensado enquanto um fenômeno que deve portar o próprio nome com o merecimento que decorre de sua

[9] JESSUP, Phillip. *Transnational Law*. New Haven: Yale University Press, 1956, *apud* SALMON (2001), p. 394: "*tout le droit qui réglemente les actions ou les événements qui transcendent les frontières nationales*".

[10] Um bom exemplo desse uso e dos estudos de caso pode ser encontrado em um número especial da *Revista Brasileira de Direito Internacional*, cf. UNICEUB. Direito Transnacional. *Revista de Direito Internacional*, v. 13, n. 3, 2016, p. 25.

[11] Sobre o supranormativo, cf. CHEVALLIER, Jacques. *L'État post-moderne*. Paris: LGDJ, 2017.

especificidade,[12] o Direito Supranacional oferece menos alternativas de interpretação ou de construção de sentido do que o Direito Transnacional. Aqui também nos serve a etimologia. Aquilo que é "supra + nacional" está, propriamente falando, acima dos Estados. Esse sentido, a meu ver necessário, da expressão, nos convida a investigar a existência de normas que se imponham aos Estados, ao menos a alguns deles, e que não decorram da vontade desses mesmos Estados ou de seu comportamento reiterado ao qual se acoplaria uma convicção de obrigatoriedade (ou seja, da vontade ou do costume). Se a validade e a aplicabilidade dessas normas não decorrer de alguma outra fonte que não essas, estaremos falando simplesmente de Direito Internacional.

Todavia, como conceber essa fonte que está acima da vontade dos Estados e de seu comportamento costumeiro ao mesmo tempo em que se admite a soberania dos Estados, ou seja, a sua igualdade e autonomia, assim como a sua recusa de um poder que esteja acima deles?

A resposta é razoavelmente simples, especialmente na medida em que não sobram exemplos de Direito Supranacional: essa vontade que será vista como estando acima dos Estados e apta a lhes impor normas obrigatórias só pode ser constituída pelos Estados, empoderada e autorizada por eles. Uma vez criada e dotada de poder por eles, ela poderá lhes regular os comportamentos, mas apenas dentro dos confins de suas competências delimitadas de antemão.

O único exemplo de Direito que talvez mereça o qualificativo de Supranacional é aquele do Direito Comunitário europeu, que teremos a oportunidade de encontrar novamente.

2.4. Direito Global e Direito Mundial

Uma parte de minha pequena aventura com os sentidos possíveis de "Direito Global" já foi mostrada até aqui, mas as possibilidades de sentidos não se restringem à dicotomia que referi: a de uma ordem jurídica que teria

[12] Uma ilustração das circunstâncias em que o nome é usado sem significar nada específico, confundindo-se, na retórica, com o que seria mais precisamente "internacional" do que "supranacional", pode ser encontrada em uma fala do ministro Gilmar Mendes, do Supremo Tribunal Federal, e no meu comentário à sua fala, em: NASSER, Salem Hikmat. Comentário – Capítulo V: O Supremo Tribunal Federal em face da transnacionalidade do direito. *In*: NEVES, Marcelo (coord.). *Transnacionalidade do Direito* – Novas perspectivas dos conflitos entre ordens jurídicas. São Paulo: Quartier Latin, 2010. p. 299-302.

esse nome ou uma disciplina que pensasse de novos modos o Direito para além dos Estados.

O "Global" que se acopla ao Direito, assim como o "Mundial", pode indicar: i) um conjunto de normas, constituindo ou não um sistema coerente e estruturado, que cubra e se aplique a relações ou temas que sejam propriamente globais (que envolvam ou se deem em todo o globo terrestre); ii) um conjunto de normas que tenha validade ou aplicações no mundo inteiro; iii) todas as normas que existem e que, portanto, se aplicam a todas as relações possíveis e passíveis de regulação jurídica, ou ao menos normativa; iv) alguma percepção e tentativa de compreensão das interações entre normas em um mundo entregue à globalização, ou seja, à intensificação e densificação da malha de relações que atravessam as fronteiras, e das quais algumas podem ser vistas como efetivamente afetando todo o globo.[13]

Esses me parecem ser os sentidos autorizados pela significação que têm os termos "global" e "mundial". Isso não impede que "Direito Global", e em menor medida "Direito Mundial", apareçam em muitos discursos como equivalentes de Direito Internacional ou Direito Transnacional.

Eis que nos vemos convidados novamente, pela própria perplexidade que nos impõe a noção de Direito Global, a começar do começo, por aquela explosão inicial que referi antes e que nos coloca diante de um firmamento de normas, um universo marcado pela variedade e pelas relações entre suas partes constitutivas.

[13] NASSER, Salem Hikmat; GHIRARDI, José Garcez. Law and Globalization: A Critique of a Dialectic Relation. *Revista da Faculdade de Direito da UFMG*, Belo Horizonte, n. 77, p. 339-357, jul./dez. 2020.

3.
UM FIRMAMENTO DE NORMAS[14]

Que comece então a viagem. Nosso viajante tem diante de si, distribuídas por uma espécie de firmamento estrelado, todas as normas que existem. Vê um número de normas que tende ao infinito. Cada ponto brilhante nesse firmamento é uma norma no sentido mais banal da palavra: uma prescrição, uma construção linguística que tem por função influenciar os comportamentos.

De início, não há qualquer subdivisão ou mesmo qualquer organização desse todo, nenhuma que apareça como evidente ao observador. É apenas um todo composto por unidades brilhantes. Para aquele que está acostumado a pensar o universo normativo e especialmente para quem que estuda ou estudou Direito, a tarefa talvez tenha que ser empreendida em sentido inverso. Para esses, inicialmente, é preciso esquecer o que se aprendeu sobre as subdivisões no mundo das normas e suas organizações. A metáfora do firmamento trabalha primeiramente com o elemento fundamental, sem o qual não é possível falar de Direito – qualquer que seja a concepção que se faça do jurídico –, que é a norma. Em um primeiro

[14] A ideia de um firmamento de normas como metáfora para o Direito vem sendo trabalhada por mim há um tempo, sobretudo em sala de aula. O que se lê aqui é adaptação de um texto presente no artigo "Metáforas e teorias contemporâneas sobre o Direito", cf. GHIRARDI, José Garcez; NASSER, Salem Hikmat. Metáforas e teorias contemporâneas sobre o Direito. *Revista Brasileira de Estudos Políticos*, v. 122, p. 369-404, jan./jul. 2021.

momento, abandona-se qualquer outra consideração sobre a especificidade de certas normas e a sua diferença em relação a outras, ou sobre a natureza das relações que as normas entretêm, ou não, umas com as outras; fica-se com a totalidade das normas existentes e que podem vir a existir. Tem-se um conjunto aberto, potencialmente infinito, de normas.

O percurso pelo firmamento, a observação das qualidades das normas que o constituem, das diferenças e dos tipos de relações que podem ser observadas, entre normas e entre conjuntos normativos, terá várias paradas que serão tratadas mais em detalhe. Neste momento, no entanto, como quem provê um mapa do caminho, antecipo uma descrição rápida das estações.

Cada norma desse firmamento conhece, de início, a potencialidade da relação, do contato, do encontro, do choque ou da troca com todas as demais normas. Ao aproximarmos o olhar de uma norma qualquer, perceberemos as relações que ela de fato tem com outras. Uma primeira categoria de relações relevantes é a daquelas normas que, justamente, criam e dispõem sobre o funcionamento de determinada instituição.

Porque com grande frequência constituem-se instituições – e isto só se faz por via de normas – que podem, elas mesmas, criar normas e administrá-las, operando, por exemplo, a sua aplicação ou a verificação de sua observância, juntamos às normas todas as instituições existentes ou que possam vir a ser criadas.

Tem-se assim, aos olhos de qualquer observador, uma espécie de firmamento em que todos os astros pertencem ou bem à categoria das normas, ou àquela das instituições que, necessariamente, estão relacionadas a um grupo específico de normas. Esse céu estrelado não conhece limites ou fechamento.

Um olhar mais atento nos fará perceber que um certo número de normas e de instituições tem comunalidades que podem dizer respeito ao seu autor, à temática de que tratam, ao espaço de aplicação etc. Poderíamos chamar um conjunto assim de regime. Faremos essa discussão quando tratarmos da diferenciação funcional da vida, da fragmentação do Direito Internacional e do pluralismo de regimes.

Logo perceberemos que existem conjuntos de normas e instituições organizados e estruturados de modo a constituírem um todo coerente, unitário, e que, por conta dessa organização específica, diferenciada, operam uma espécie de fechamento em relação ao universo exterior, no sentido de estabelecer uma clara diferença entre o que pertence ao conjunto e o que que lhe é estranho. Podemos chamar esse tipo de conjunto de sistema. São exemplos desse tipo de sistema os ordenamentos jurídicos nacionais, produzidos por um poder estatal central e chamados a regular a vida em determinados territórios, assim como o é o Direito Internacional Público que regula as relações entre Estados.

Ao olharmos para cada norma ou para cada conjunto de normas, ao mesmo tempo em que percebemos essas relações mais imediatas, voltadas para a formação de instituições específicas, ou determinando o pertencimento a um regime ou a um sistema, notamos outras características fundamentais: a autoria e a presença ou ausência de caráter obrigatório. No mundo em que vivemos, o modo mais automático de lidar com a autoria é operar a distinção básica entre as normas criadas pelos Estados - quer seja Direito Nacional, quer seja o Internacional - e as normas criadas por entes não estatais. É verdade, no entanto, que a segunda categoria é extremamente ampla, porque os potenciais autores são muitos e variados.

A segunda questão, relativa à obrigatoriedade, se confunde para muitos com aquela distinção fundamental entre o Direito e o não Direito; o obrigatório, válido, é Direito, e o que não for obrigatório é outra coisa. Ninguém precisa, nesta posição inicial de observador de um firmamento de normas, se comprometer com essa equiparação automática. Será, no entanto, essencial entender que o modo de funcionamento dos sistemas jurídicos estatais, e também daquele internacional, está fundado na premissa de que as suas normas são válidas e que isso é o mesmo que dizer que as normas integram o sistema. A ideia de obrigatoriedade é constitutiva do sistema.

Os sistemas, na medida em que reconhecem a existência uns dos outros e na medida em que percebem a possibilidade de dinâmicas e relações sociais que podem envolver mais de um deles, tenderão a estabelecer as regras segundo as quais há de se dar a relação com os demais sistemas. Esse é o caso das normas de Direito Internacional Privado que estabelecem os parâmetros para a relação entre um Direito Nacional e os demais sistemas de mesmo tipo; e é o caso das normas de Direito Interno que estabelecem as relações entre o sistema nacional e o Direito Internacional.

É também cada vez mais comum que os sistemas jurídicos, percebendo a relevância de normas outras que não as pertencentes a outros sistemas jurídicos, tais como as concebidas por entes privados, por exemplo, admitam algum tipo de diálogo entre as suas normas e essas outras. Normalmente, quaisquer relações dessas normas de natureza diversa com normas componentes de sistemas jurídicos nacionais ou do Direito Internacional serão de algum modo mediadas pela linguagem do próprio sistema.

As relações, no entanto, não precisam sempre envolver ordenamentos jurídicos, o que se chamou genericamente de sistemas, e podem se dar entre diferentes regimes, entre normas dos diferentes regimes ou entre normas autônomas e independentes, se a existência destas puder ser concebida no seio do firmamento que contemplamos.

Dois movimentos talvez possam ser identificados, indicando mudanças na paisagem geral desse firmamento normativo, ou, ao menos, é o que pretendem alguns discursos sobre a transformação do mundo normativo: por uma lado, talvez, no universo total de normas e instituições, os sistemas jurídicos tradicionais, nacionais e internacional estejam perdendo espaço para uma crescente massa distribuída de normas e instituições que não respondem, em termos de qualidades e estrutura, ao que sempre – ou seja, no decorrer da modernidade – se costumou chamar Direito.

Por outro lado, é possível perceber que as normas e as instituições podem ser agregadas não tanto segundo o espaço territorial em que operam, ou segundo a estrutura sistêmica que integram, mas sim segundo o tema ou assunto a que se referem.[15]

Esse segundo movimento levará à percepção de formações de agregados normativos e institucionais que recobrem em parte pedaços de sistemas jurídicos e em parte normas e instituições que são externas ao sistema. Ainda assim, esses agregados conhecerão relações significativas entre suas componentes.

A metáfora do firmamento normativo, que compreende a totalidade de normas e instituições concebíveis e, talvez mais relevante, a totalidade de relações que podem conhecer essas normas, essas instituições e quaisquer agregados que possam constituir, pretende imediatamente uma descrição do universo normativo tal como o podemos observar hoje.

[15] NASSER, Salem Hikmat. Direito Global em pedaços: fragmentação, regimes e pluralismo. *Revista de Direito Internacional Uniceub*, v. 12, n. 2, 2015.

3.1. Primeiro, a diferença

O nosso observador, portanto, ao olhar para as normas, percebe, ou deve perceber, primeiramente, uma distinção, uma diferença.

Alguém poderá dizer que eu pretendo exercer controle externo sobre o observador e dirigir o seu olhar segundo a minha conveniência ou segundo aquela de uma visão de mundo ou de uma teoria. É claro que, antes das distinções, o observador poderá ter o seu olhar atraído para as relações, para as comunalidades. Também é certo que ele pode enxergar antes outras diferenças que não aquela a que pretendo me referir aqui.

Um observador mais treinado pode ainda não apenas ter o seu olhar atraído para uma ou outra coisa, mas *decidir* olhar para coisas diversas ou *enxergar* essas coisas de modos distintos em relação a um outro observador ou a quem aqui escreve. E isso decorre do fato, evidente, de que o que decidimos olhar e aquilo que vemos depende também do lugar relativo de onde olhamos, de nossa perspectiva. E nossa perspectiva se constitui de coisas que vão de nossa visão de mundo até a disciplina que estudamos, passando por nossa constituição psíquica e tantas outras coisas.

Ainda assim, eu proponho que uma diferença deva ser enxergada e levada em conta. Trata-se da especificidade que marca algumas normas, aquelas ditas jurídicas, e que as diferencia de todas as outras. Essa especificidade é normalmente referida como *validade, obrigatoriedade, juridicidade.*

Mas por que essa percepção deve se impor ao observador, independentemente de sua perspectiva? É verdade que se pode sustentar que a ideia de juridicidade – e de suas congêneres – é desimportante; e também se pode definir diferentemente essas ideias e enxergar juridicidade onde outros normalmente não a colocariam. Mas, se o observador quiser entender o universo normativo que tomou por objeto, perceber seu funcionamento e talvez explicá-lo, ele não poderá ignorar o fato de que as próprias normas sustentam a linguagem da diferença e da distinção entre o Direito, neste sentido estrito, e aquilo que o Direito não inclui. Todo o funcionamento das normas, quaisquer que sejam elas, passará por essa necessária distinção, e tudo será dependente de elas serem dotadas de juridicidade ou não.

É bom notar que essa distinção não pretende revelar um *a priori* ou sustentar uma tese qualquer relacionada à efetividade das normas e à sua eficácia. E certamente não se quer expressar uma diferença de valor entre as normas jurídicas e as não jurídicas.

A questão da especificidade do jurídico é inescapável simplesmente porque essa especificidade determina o modo de as normas atuarem no mundo e sobre o comportamento dos sujeitos; e isso simplesmente porque as normas funcionam de acordo com a sua própria linguagem e natureza.

Está dado, e foi dito, que essa distinção não é a única possível. Como se verá adiante, a autoria das normas pode variar e não estar necessariamente ligada à natureza jurídica ou não das mesmas. E a autoria, o contexto em que a norma foi produzida, o seu conteúdo, sua linguagem, tudo isso afetará também o seu funcionamento. Mas nenhuma dessas coisas produzirá efeitos tão dramáticos e nenhuma outra distinção pode ser vista igualmente como uma verdadeira *summa divisio*.

Resta então saber como e onde se encontra a especificidade própria do jurídico, aquela que necessariamente estará ausente de todas as demais normas. Essa resposta pode ser buscada no que se poderia chamar de a *natureza* do jurídico ou do Direito. A busca por essa natureza essencial abre muitas portas e dificilmente chega a fechar alguma; por isso a resposta seguiria fugidia.

É mais inteligente, parece, buscar a marca do jurídico em algo mais tangível: o pertencimento da norma a um sistema jurídico, o reconhecimento por uma ordem jurídica de que esta ou aquela norma faz parte de seu corpo de normas válidas. Sim, alguém poderia apontar para o vício tautológico que inutilizaria esse critério; afinal, o que é um sistema jurídico senão um sistema de normas jurídicas? E que aporte traz a ideia de que uma norma jurídica é aquela que pertence a um tal sistema?

Partamos de uma presunção que não resolve ainda o problema lógico, mas que pode começar a clarear o cenário: presumamos que há uma aceitação geral do fato de que existem sistemas jurídicos nacionais (o brasileiro e aqueles de quase duas centenas de outros países), e de que existe um sistema jurídico que regula as relações entre os Estados. Não deve haver dificuldade em aceitar que cada um desses sistemas tem a prerrogativa de dizer quais são as normas que o constituem. E é justamente isso que os ordenamentos fazem, por via de outras normas que também são suas.

Imaginemos agora que eu, ou uma sociedade de especialistas em um tema qualquer, ou uma igreja, ou um Estado, ou um grupo de Estados (e essa lista pode ser muito extensa), resolva editar uma norma, ditar um comportamento, organizar um tipo de relação, usando para isso uma linguagem prescritiva (aquela típica das normas). Pois bem, essa norma não será válida segundo, digamos, o Direito brasileiro, não será reconhecida por esse sistema, a não ser que outras normas suas digam que aquilo que eu ou qualquer desses outros atores criamos é jurídico e é parte daquele ordenamento.

Isso também é verdade para todos os demais ordenamentos, e uma norma que não seja reconhecida por qualquer um dos existentes não poderá reclamar para si essa especificidade, a de ser jurídica, válida. Algo diferente só será possível se deturparmos o conceito do jurídico e se o fizermos indiferenciado de outros tipos de normatividade. E é verdade que somos livres para conceituar as coisas como quisermos. Entretanto, se passarmos a conceituar assim o Direito, mais uma vez perderemos de vista um elemento fundamental do funcionamento do mundo das normas, e não só daquele do Direito.

Esse elemento fundamental é aquele que nos diz que os sistemas jurídicos funcionam segundo uma lógica própria, que decorre de sua organização estruturada, sistêmica, justamente, e que as normas jurídicas funcionam de modo determinado pelo seu pertencimento a um sistema jurídico.

3.2. Sistemas jurídicos

Assim, nosso observador, nosso viajante, ao perceber, ou ao ser chamado a perceber, aquela diferença fundamental, aquela distinção entre algumas normas e as demais, só o poderá fazer apreendendo ao mesmo tempo o modo que têm as normas jurídicas de se relacionarem entre si, constituindo sistemas jurídicos. Com efeito, se a norma tira sua validade de seu pertencimento a um tal sistema ou ordenamento, essa validade não pode ser percebida sem que se enxergue o próprio ordenamento. E perceber o ordenamento é perceber as relações que suas normas têm entre si. A arquitetura dessas relações nos dará os contornos da ordem, de cada ordem.

Esses contornos nos revelarão conjuntos de normas e instituições organizados e estruturados de modo a constituírem um todo coerente, unitário, e que, por conta dessa organização específica, diferenciada, operam uma espécie de fechamento em relação ao universo exterior, no sentido de estabelecer uma clara diferença entre o que pertence ao conjunto e o que lhe é estranho.

Arquitetura e contornos podem se valer, como já foi visto, de metáforas, que explicam pela ilustração ou pela evocação. A metáfora de maior sucesso, ou a mais correntemente usada para pensar o sistema jurídico, é a da pirâmide.

E o sucesso se explica. A pirâmide transmite a ideia de um conjunto normativo que se fecha em si mesmo; a ideia de uma estrutura que integra de modo significativo, sistêmico, as normas; a ideia de um ponto, um ápice normativo, de onde decorre a validade de todas as demais normas e, portanto, de um centro do sistema; a ideia de hierarquia entre os tipos de normas do sistema, uma hierarquia por onde a validade flui como uma cascata, e que também implica a verticalidade da ordem.

Todas essas características evocadas pela pirâmide são de fato aquelas que ocorrem, aos que estudam o Direito e também aos leigos, como constitutivas do jurídico. O leigo, obviamente, deve prestar menor atenção aos traços relacionados com a hierarquia e com o caráter sistêmico que o conjunto normativo tem. Intuirá essas coisas e pouco as elaborará. Mas terá claramente naturalizado a centralidade do poder produtor das normas e a hierarquia que está posta entre esse poder e a sua própria condição de sujeito do Direito. Terá naturalizado também o caráter obrigatório das normas jurídicas, ainda que talvez restrinja a reflexão sobre o fundamento dessa obrigatoriedade ao poder do Estado que está por trás do Direito. E isso porque, finalmente, o leigo pensa o Direito como as normas que operam dentro do Estado em que ele se encontra e que são produzidas por esse mesmo Estado.

E, talvez surpreendentemente, o quadro não é muito diferente quando se trata da visão dos estudantes do Direito ou dos juristas. A própria Teoria do Direito trabalha, no mais das vezes, com essas mesmas características como dados concretos do fenômeno jurídico. Alguns autores terão inventado a metáfora ou desenvolvido a reflexão com base nela, confirmando-a e desenvolvendo-a e, pode-se argumentar, terão reduzido o Direito à pirâmide normativa.

Pode-se também fazer objeção à afirmação acima, generalizando a adoção das características contidas na metáfora da pirâmide, que há outras "teorias do Direito" que não essa,[16] classificável como positivista e, mais especificamente, normativista.

[16] São diversas as correntes do positivismo jurídico que surgem inspiradas pelo positivismo sociológico de Auguste Comte. Alguns exemplos notórios incluem John Austin (da teoria imperativista), Hans Kelsen (em sua teoria pura do Direito), Joseph Raz e H. L. A. Hart (da

Porém, o contra-argumento seria o de que quando outras visões teóricas sobre o Direito enfatizam aspectos diversos do funcionamento do jurídico, que não a validade da norma ou o seu pertencimento a um sistema integrado de normas, elas não podem negar a realidade dessas características porque, por um lado, são fatos concretos verificáveis no mundo e, por outro lado, são constitutivas da linguagem pela qual os sistemas jurídicos funcionam.

Contudo, esse argumento da necessidade e da realidade dos traços evocados pela metáfora da pirâmide, só é verdadeiro enquanto estivermos pensando o Direito a partir do conhecimento de um modelo paradigmático de organização, aquele do Direito Nacional, estatal. A Teoria do Direito tende a incorporar os mesmos traços porque, no mais das vezes, restringe seu modelo explicativo a esse tipo de ordem jurídica. Raramente enfrenta o desafio de olhar para a possibilidade da existência de ordens jurídicas que não se adequam ao padrão estatal e de verificar se os modelos explicativos, teóricos, continuariam válidos.

3.3. Direito Internacional: um Direito diferente

O primeiro desafio a essa compreensão do Direito segundo esses contornos e essa arquitetura vem do Direito Internacional.

É interessante notar que o autor que mais automaticamente é vinculado à metáfora da pirâmide seja justamente aquele que tinha as melhores credenciais como jus-internacionalista, Hans Kelsen.[17] A explicação para o aparente paradoxo está em que Kelsen incluía o Direito Internacional na pirâmide, a qual, para ele, representava a totalidade do fenômeno jurídico, ou seja, a junção, em um único universo de normas, das nacionais com as internacionais. Podia-se, segundo ele, pensar a primazia do Direito Internacional sobre o Direito Interno ou o contrário. Assim, ou a última norma do sistema nacional tiraria a sua validade da norma de Direito Internacional que autorizaria o Estado a ter seu próprio sistema norma-

teoria analítica). Ainda notórios são Niklas Luhmann e Gunther Teubner, representando a teoria sistêmica do direito.

[17] Kelsen, em sua teoria pura do Direito, conclui pela impossibilidade de um modelo dualista para explicar o Direito Internacional, e também pelo primado deste sobre o Direito Interno. Cf. KELSEN, Hans. *Teoria pura do Direito*. Tradução de" J. B. Machado. 6. ed. São Paulo: Martins Fontes, 1998, p. 236; KELSEN, Hans. Théorie Du Droit International Public (Volume 84). *In*: *Collected Courses of the Hague Academy of International Law*.

tivo, ou o Direito Internacional só existiria em virtude da autorização que cada sistema daria ao Estado de participar da elaboração de normas válidas internacionalmente.

Mas, se queremos dispensar a pergunta por demais abstrata sobre ser o Direito, enquanto *fenômeno*, algo uno ou diverso, e olhar para a sua existência concreta e o seu funcionamento, veremos que a diversidade de sistemas jurídicos é uma realidade e que o sistema jurídico internacional é diferente dos sistemas nacionais. Tão diferente, na verdade, do modelo, que muitos lhe negam a qualidade do jurídico.

Há, portanto, que se admitir primeiramente que o Direito Internacional é Direito. Sem isso, não faria sentido a investigação sobre se é possível ou não conceber outras arquiteturas para os sistemas jurídicos.

Em uma frase, expresso minha convicção: o Direito Internacional é Direito porque é formado por normas válidas, que constituem um todo normativo estruturado, que por sua vez tem critérios para reconhecimento das normas que pertencem ao sistema; e também porque essas normas, enquanto sistema, operam para regular os comportamentos em uma sociedade cujos integrantes reconhecem a validade e a obrigatoriedade tanto de normas quanto do sistema.

Resolvida a questão preliminar, resta lidar com as diferenças.

Comecemos por aqui: o Direito Internacional é chamado a operar na sociedade dos Estados. Isso não quer dizer que suas normas atinjam apenas os Estados, mas que elas são primariamente dirigidas aos Estados e ao seu comportamento. Pois bem, a sociedade dos Estados, em sua forma atual e já há alguns séculos, é uma sociedade de entes formalmente iguais, igualmente soberanos. A menção ao *formalmente* é especialmente importante aqui. Não se está falando de igualdade de poder, de tamanho, de riqueza, de prestígio; nem se está falando de liberdade ou de autonomia totais; não estamos no campo da política, onde essa igualdade e essa liberdade são impossíveis. Fala-se daquela igualdade que diz que todos os Estados são soberanos, autônomos, livres para se autorregularem, e diz que acima deles não há autoridade formal que lhes imponha a sua vontade. Sem esse princípio, formal, não pode haver Direito Internacional como o conhecemos.

Formalmente, portanto, está-se diante de uma sociedade horizontal, de entes iguais entre si. Desta diferença fundamental entre essa sociedade e as sociedades nacionais, decorrem todas as especificidades do Direito Internacional em relação aos sistemas estatais.

Todas as características dessa ordem são determinadas pela ausência de um poder central produtor das normas e detentor da prerrogativa exclusiva de resolver as controvérsias e de aplicar as normas.

A mesma pergunta abstrata que pode ser feita em relação a qualquer sistema jurídico, ou, se quisermos, em relação ao Direito de modo geral, aquela que busca identificar o fundamento de validade das normas e a razão de sua obrigatoriedade, cabe também para o Direito Internacional.

Em relação a essa ordem jurídica, no entanto, não se tem a possibilidade de recorrer à resposta fácil ou confortável que os sistemas nacionais nos oferecem, como uma das alternativas: aquela que liga a obrigatoriedade ao poder de coação que detém o Estado e o fato de que este tem, em princípio, o monopólio do uso da força. Assim, para quem não quiser buscar mais longe, sempre se poderá, para os Direitos Nacionais, dizer que o Direito vale porque o Estado tem o poder de fazê-lo valer.

Posto que os Estados são, como se viu, soberanos, e que não há um super Estado na cena internacional, nem um poder capaz de coação e de fazer valer as normas em relação aos seus destinatários primários, a resposta não pode ser tão simples, sendo necessário recorrer a respostas mais fluidas ou abstratas, tais como o consenso entre os entes sociais, a necessidade da vida em sociedade, etc. Sempre, no entanto, ao adotarmos o que se chamou de ponto de vista interno ao sistema jurídico e a sua linguagem própria, a validade decorrerá do reconhecimento que a própria ordem faz das normas que integram o seu corpo normativo. Isso é feito por via do reconhecimento daquelas normas que emergem através das fontes, também estas reconhecidas pelo sistema.

E, justamente, a próxima questão que se faz a qualquer ordem, aquela sobre as fontes aptas a dar nascimento ao jurídico, às normas, se faz também ao Direito Internacional e recebe uma resposta diversa daquela que é dada aos Direitos Nacionais.

Como no Direito Internacional os destinatários primários das normas são os Estados e como estes são soberanos, é preciso que os modos de criar essas normas levem em conta essa soberania e a igualdade formal que dela decorre. A consequência disso é que os Estados são, eles mesmos, os criadores das normas. Isso quer dizer que o Direito Internacional, para nascer e obrigar, precisa da anuência dos Estados, ou precisa emergir de algum conjunto de fatores ligados à prática, ao comportamento dos Estados, ao qual se soma a aceitação da juridicidade por parte desses mesmos Estados.

Ou seja, as normas do Direito Internacional são criadas por tratados que os Estados celebram ou por via de costumes internacionais, entendidos esses como a combinação da prática generalizada e consolidada dos Estados com a convicção dos Estados de que essa prática tem/terá adquirido caráter jurídico.

As listas usuais das fontes do Direito Internacional soem incluir outros elementos – os princípios gerais dos direitos nacionais, a jurisprudência dos tribunais internacionais, a doutrina e até mesmo a equidade – e essa lista está muito frequentemente relacionada ao art. 38 do Estatuto da Corte Internacional de Justiça.

Minha leitura dos termos do próprio art. 38, e também do funcionamento do processo de nascimento e de identificação das normas jurídicas internacionais, parece-me permitir dizer que essas duas são as únicas fontes, propriamente falando, do Direito Internacional, os tratados e os costumes. Todos os demais mecanismos, ou se prestam a preencher lacunas dessa ordem jurídica – e só o podem fazer porque há tratados e/ou costumes que permitem isso –, ou são meios de reconhecimento e interpretação das normas convencionais ou costumeiras – sobretudo estas últimas. Já a equidade, especificamente, é a própria substituição das normas jurídicas por um julgamento de justiça.

Essas duas fontes – únicas ou principais, se quisermos – do Direito Internacional, e seu funcionamento, determinam outra característica fundamental da ordem jurídica: a maior parte das normas não será de aplicação geral, ou seja, não submeterá a totalidade, ou mesmo a quase totalidade, dos sujeitos da ordem. Isso decorre de razões simples.

Por um lado, qualquer tratado, por mais ampla que seja a sua temática ou por mais universal que pretenda ser, só pode obrigar os Estados que escolham voluntariamente submeterem-se aos seus termos. Por outro lado, a aceitação, por parte de muitos internacionalistas e de tribunais internacionais, de que existem normas costumeiras de aplicação geral, obrigando a comunidade dos Estados como um todo, é relativamente recente.[18] Ainda assim, essas normas do que se costuma chamar "Direito Internacional Geral" são relativamente poucas em número e, a seu lado,

[18] Em artigo clássico, e muito influente, Prosper Weil, negava, já nos anos 1980, a possibilidade da existência de um tal Direito, cf. WEIL, Prosper. Vers une normativité relative en droit international? *Revue Générale de Droit International Public*, p. 5-47, 1982.

seguem existindo costumes regionais ou bilaterais e outros, pelos quais os Estados podem argumentar não estarem obrigados, por não terem participado da prática, ou por terem sempre expressado uma convicção em sentido diferente.

Assim, para cada norma do Direito Internacional, é necessário perguntar se é válida em si, por assim dizer, e também se é válida em relação a cada Estado particularmente considerado; perguntar se o Estado aceitou obrigar-se pelo tratado que contém a norma ou se está sujeito à norma costumeira, quer porque participou da prática e da construção da convicção, quer porque a norma seria de validade geral.

Pode-se fazer a mesma pergunta para os sistemas jurídicos nacionais? E haveria então uma diferença substancial entre os dois tipos de Direito? Talvez. Em relação aos Direitos Nacionais parece mais claro que há uma validade geral do conjunto total das normas estatais que se impõe à totalidade de seus sujeitos. A única instância em que isso seria diferente, e que nos aproximaria ao Direito dos tratados, é aquela dos contratos, que criam normas jurídicas de natureza particular e válidas apenas para os que contratam. De resto, sobre normas nacionais que porventura se apliquem apenas a algumas categorias ou segmentos, e também sobre as normas gerais que excluem determinados grupos de seu campo de aplicação, não se diria, normalmente, que elas não *valem* para aqueles grupos ou categorias; o que se diria é que não se *aplicam* a eles.

Já no Direito Internacional a maior parte das normas obriga apenas uma parte dos Estados, cada tratado obrigando apenas os que dele fazem parte e cada costume aqueles que participam da prática e da *opinio juris*. Como dito, apenas uma parte das normas dessa ordem, todas costumeiras, pode pretender valer para todos os Estados.

Contudo, não se poderia dizer aqui também que as normas são válidas para todos, como parte de uma mesma ordem jurídica válida como um todo, e que cada uma teria um campo de *aplicação* mais restrito do que aquele de *validade*? Não me parece que essa seria a mais precisa das linguagens, porque há diferença entre a obrigatoriedade e a aplicabilidade. Isso ficará mais claro agora.

Assim como a igualdade soberana dos Estados determina a especificidade do processo de surgimento das normas, ela será igualmente fundamental para o desenho dos modos de aplicar o Direito Internacional e de resolver as controvérsias em seu seio. Com efeito, como pode um ente independente, soberano, que não reconhece poder acima de si mesmo, submeter-se a instituições que lhe dirão, de modo vinculante, sobre a licitude ou ilicitude de suas ações, sobre os seus direitos e suas obrigações?

E a resposta aqui é também rápida, e fácil: esse ente só será submetido a um tal poder de uma instituição, que chamaríamos evidentemente jurisdicional, se ele quiser, se ele aceitar.

Os Estados podem decidir livremente se aceitam a jurisdição de algum tribunal, de alguma corte constituída ou de algum tribunal arbitral, e podem decidir a matéria, os conteúdos normativos que poderão ser submetidos aos tribunais.

Por isso, se o Estado estiver sob a acusação de violar o Direito e, com isso, tiver causado prejuízo a outro Estado, ou se estiver envolvido em outra controvérsia qualquer que demande a aplicação do Direito, é sempre possível que, apesar de as normas serem válidas para ele e o obrigarem, a questão não possa ser levada a ou discutida por um tribunal.

Um Estado pode aceitar a jurisdição de um tribunal permanente, tal como a Corte Internacional de Justiça, que tem uma vocação jurisdicional dita universal, ampla, e pode, ainda assim, escolher a quais matérias e em quais casos escolhe se submeter. Pode exercer o mesmo tipo de seletividade quando se trata de tribunais arbitrais. E pode selecionar aqueles regimes, aquelas partes específicas do Direito Internacional, que criam seus próprios tribunais ou mecanismos de solução de controvérsias com um campo de jurisdição material restrito.

Aqui, portanto, ganha nova relevância a distinção entre *válido* e *aplicável*.

Diante de um tribunal ou de alguma outra instância, normas válidas que obrigam determinado Estado e que incidiriam sobre a controvérsia sob análise podem não ser aplicáveis ao caso simplesmente porque não fazem parte do campo de jurisdição material do tribunal, ou porque não estão incluídas nos limites da jurisdição que o Estado aceitou para aquela instância.

Essas duas manifestações fundamentais da diferença do Direito Internacional, de sua especificidade, presentes na sua gênese – na determinação da especificidade das fontes – e na sua aplicação – quando expressa a limitação da função jurisdicional em uma ordem que não conta com poder central – devem bastar, para o meu propósito e para o meu argumento.

3.4. Expansão e fragmentação do Direito Internacional: um primeiro pluralismo?

Nosso viajante notou então, neste começo de sua exploração, a existência de sistemas jurídicos, enquanto conjuntos estruturados, portanto sistêmicos, de normas válidas. E notou que a maior parte desses sistemas jurídicos corresponde aos ordenamentos jurídicos nacionais, que têm o Estado como o produtor do Direito e como o garante de sua aplicação, e que correspondem, em seu campo de aplicação espacial, ao território do Estado.

E ele descobriu, em seguida, que há ao menos um outro tipo de sistema jurídico. Ainda é um conjunto estruturado de normas válidas, mas a estrutura e a arquitetura são outras, porque determinadas pela ausência de um poder central produtor e aplicador do Direito. E dominou razoavelmente os grandes traços da sua especificidade.

Deixemos que ele passeie por mais um tempo dentro dessa ordem e observe alguns traços.

Se ele pudesse enxergar a evolução desse sistema jurídico ao longo, digamos, do último século, perceberia imediatamente, talvez com assombro, a enorme expansão desse conjunto normativo. Veria, primeiro, que a própria sociedade interestatal, o número de Estados se expandiu e aumentou em algo como quatro vezes. Assim, naturalmente, há mais produtores das normas jurídicas, há mais autores e celebrantes de tratados, há mais entes cujo comportamento e cuja convicção devem participar da construção de novas normas costumeiras.

Mais relevante, no entanto, do que a expansão da base de *legisladores* e, claro, de sujeitos da ordem, é a multiplicação de novos temas de preocupação dos Estados, novos temas que demandam respostas normativas por parte deles. Nesse período, os Estados se viram compelidos a criar normas de Direito Internacional para lidar com temas tão variados como direitos humanos, comércio, meio ambiente, investimentos, moeda, combate à pobreza, desarmamento, educação, cultura, e a lista poderia ser muito mais longa.

Em torno de cada um desses vários temas, um certo número de normas, convencionadas ou costumeiras, vai se constituindo como uma parte especializada da ordem jurídica. A essas partes podemos chamar Regimes Internacionais, desde que nos lembremos de que aqui se está falando de fragmentos especializados, totalmente inseridos no Direito

Internacional, ou seja, cujas normas são todas pertencentes a esse ordenamento e funcionam segundo a sua lógica. Não se trata, portanto, daqueles regimes descritos na literatura de Relações Internacionais que deu origem à expressão – ainda que possa haver relação entre os fenômenos – e tampouco daqueles Regimes que transbordam o Direito Internacional ou podem estar totalmente fora dele, e que discutiremos adiante.

A expansão normativa é, portanto, acompanhada da especialização,[19] e a combinação dos dois processos foi descrita como a fragmentação do Direito Internacional. Os fragmentos, os Regimes, não têm, no entanto, fronteiras muito precisas, e isso porque os próprios temas podem se entrecruzar e confundir. Os contornos estão mais próximos de zonas de fronteira do que de linhas. Mais ainda, é possível sempre conceber fragmentos menores do que os que se mencionou acima, menores do que os vários ramos do Direito Internacional. Por exemplo, em vez de um Regime do Direito Ambiental, pode-se pensar naqueles de desflorestamento, mudanças climáticas, poluição etc. E o exercício de redução do campo temático pode ir muito longe. Assim, os pedaços especializados do Direito Internacional podem ser de tamanhos diversos, segundo as opções feitas por quem observa e também por quem opera esse Direito. E a questão dos contornos sempre será incerta.

Como quer que queiramos conceber os tamanhos dos fragmentos, é certo que apenas algumas normas do Direito costumeiro geral incidirão sobre apenas um ou outro desses universos temáticos, ou seja, um ou outro Regime incluirá uma ou outra norma costumeira dessa natureza.

Vários Regimes incluirão normas costumeiras de aplicação restrita, porque específicos na sua temática e/ou porque válidos apenas para os Estados que compõem o Regime.

A maior parte, no entanto, das normas que constituem esses fragmentos especializados, é constituída de normas convencionadas, inscritas em tratados. A razão para isso é que o rol das preocupações se expande

[19] UNITED NATIONS. International Law Commission. *Report on the work of its fifty-eighth session* (1 May to 9 June and 3 July to 11 August 2006). General Assembly Official Records, Sixty-first Session Supplement No. 10 (A/61/10). Disponível em: https://legal.un.org/ilc/documentation/english/a_cn4_l682.pdf. Acesso em: 6 maio 2021; NASSER, Salem Hikmat. Direito Global em pedaços: fragmentação, regimes e pluralismo. *Revista de Direito Internacional*, v. 12, p. 98-126, 2015.

mais rapidamente do que seria o ritmo normal de acúmulo de prática e de *opinio iuris*. Também, combinado com isso está o fato de que essas novas temáticas que se impõem à atenção dos Estados demandam deles uma atitude mais ativa na resposta do que seria o processo normal de emergência, quase indistinto, das normas costumeiras, cujo nascimento é muitas vezes descrito como *espontâneo*.

Na ausência de muitas normas costumeiras que, tratando de qualquer tema específico, sejam vistas como obrigatórias para todos os Estados, percebe-se que, para cada Regime, a despeito de seu contorno preciso, é possível perguntar, em relação a cada Estado, se ele está sujeito às normas ali contidas. Mais importante ainda, para *cada norma* do Regime será necessário fazer a mesma pergunta. Um exemplo concreto: um tratado sobre mudanças climáticas e um tratado de desflorestamento podem fazer parte do mesmo Regime de Direito Ambiental, mas qualquer Estado pode fazer parte de um deles e não de outro, estar obrigado pelas normas de um e não por aquelas do outro; a Convenção das Nações Unidas sobre Mudanças Climáticas e o Protocolo de Quioto fazem parte do mesmo Regime - de fato, o segundo é um tratado que complementa o primeiro - mas há Estados que fazem parte da Convenção e não aceitaram o Protocolo.

Aqui o nosso viajante terá percebido a complexidade aportada pelas características específicas do Direito Internacional, ligadas ao papel dos Estados na construção e na aceitação das normas que serão vinculantes para eles. Se ele se concentrar nos temas, verá um conjunto de normas, e talvez de instituições de controle, de resolução de controvérsias ou de aplicação das normas, que incidem sobre o tema, ainda que os contornos desse conjunto normativo apareçam como fluidos. Se, no entanto, ele se concentrar nos Estados, verá que cada um deles carrega, por assim dizer, o seu próprio pacote de normas que vinculam o seu comportamento; algumas serão costumeiras e gerais, outras serão partes de Regimes específicos, contidas em tratado ou em costumes. A isso eu chamei em outro lugar de "a dupla fragmentação do Direito Internacional", aquela dos fragmentos temáticos e aquela dos fragmentos próprios de cada Estado.[20] A fragmentação temática deu ensejo a estudos importantes e a muita

[20] NASSER, Salem Hikmat. Direito Global em pedaços: fragmentação, regimes e pluralismo. *Revista de Direito Internacional Uniceub*, v.12, n. 2, 2015.

discussão. A grande preocupação ligada ao fenômeno estava na crescente probabilidade de choques entre os diversos Regimes, choques entre as normas de um Regime e as de outro e choques entre decisões de instâncias diversas. Isso era visto como um risco à unidade da ordem jurídica e à sua capacidade de operar de modo coerente.

O relatório da Comissão de Direito Internacional sobre a Expansão e a Fragmentação dessa ordem jurídica aportou respostas para os casos de antinomia decorrentes dessa convivência e possível choque ou conflito entre vários Regimes. Os membros da Comissão escolheram não propor soluções para o problema da relação entre instâncias jurisdicionais ou tribunais diversos. Mas, para os conflitos normativos, fizeram um uso muito convincente das técnicas, ou princípios, de *lex specialis* e de *lex posteriori*, assim como das hierarquias encontradas no art. 103 da Carta da ONU e nas normas de *ius cogens*.

Dá-se, portanto, uma resposta técnica a um problema técnico clássico: o das antinomias no Direito. Nem tudo está resolvido, certamente não o está de antemão. Mas o caminho está traçado e ele é todo trilhado de acordo com a linguagem própria do Direito, e também de acordo com a lógica específica de funcionamento do Direito Internacional.

Nosso viajante está prestes a sair do Direito Internacional. Ali ele conheceu a especificidade de um Direito diferente e também esteve em contato com um primeiro tipo de pluralismo: a variedade de Regimes especializados existentes dentro daquela ordem jurídica. Ele percebeu também uma primeira instância de relação entre esses vários Regimes. Ou seja, ele percebeu um primeiro quadro de diversidade e de relação entre os diversos. Neste caso, tudo se dava dentro daquele sistema.

Essa não foi a primeira parada por ser essa instância mais importante do que as demais. Ela é a primeira porque assim se desenhou o caminho do nosso observador.

3.5. Direito Comunitário: um terceiro tipo de sistema?

Enquanto ainda olha para as normas do Direito Internacional, nosso viajante percebe que algumas delas se relacionam de um modo particular. Estão contidas em um conjunto de tratados que parece constituir um arranjo diferente, reunindo um certo número de Estados. Ele pode ver que o arranjo opera uma integração entre aqueles entes e que, ao se vincularem àquelas normas, eles parecem perseguir objetivos comuns.

Pelo que observou no Direito Internacional, ele sabe que os Estados se utilizam de tratados para constituírem organizações e outras estruturas, por exemplo, os tribunais, e atribuem a essas criações as funções que, segundo os Estados, servirão para ajudar a responder aos temas que são de seu interesse.

Alternativamente, ou cumulativamente, aquele conjunto de tratados que chamou sua atenção poderia constituir justamente um Regime especializado do Direito Internacional.

Mas há algo de diferente ali. Os Estados vinculados por aqueles tratados criaram, sim, instituições. Na verdade, criaram paulatinamente uma instituição, que passou por várias fases e se transformou continuamente, e dotaram essa instituição de órgãos com funções diversas.

O mais interessante é que os Estados atribuíram a esses órgãos o poder de legislar e, assim, as normas dos tratados que criaram e esculpiram aquele arranjo de integração se combinavam com as normas criadas pelos órgãos – normas, portanto, internas ao arranjo – e pareciam constituir um conjunto diverso, com feições próprias.

É verdade que algo parecido pode acontecer em relação às organizações internacionais que os Estados criam. Não é incomum que se atribua aos seus órgãos a capacidade de criar normas que regularão, no mais das vezes, o próprio funcionamento da organização.

O que aqui há de diferente, no entanto, é que os Estados cederam à instituição o poder de legislar, em determinadas matérias, em seu lugar. Ou seja, as normas criadas pelos órgãos daquela instituição são diretamente aplicáveis aos Estados e, dentro dos territórios destes, aos seus próprios sujeitos, os entes privados. Mais ainda, essas normas internas do arranjo têm prevalência sobre as normas estatais dos seus membros.

O que se revela ao nosso observador é uma combinação de Direito Internacional – os tratados – com as normas criadas pela instituição e que são, ao mesmo tempo, internas ao arranjo, por um lado, e supranacionais, por outro, uma vez que se impõem aos Estados membros e aos seus territórios. Essa combinação aparece aos seus olhos como um terceiro tipo de sistema jurídico, diferente daqueles nacionais e também distinto do Direito Internacional.

A essa combinação muito específica dá-se o nome de Direito Comunitário, não porque seja o nome mais apropriado para dar conta do fenômeno, mas porque ele só existe em um lugar, na União Europeia, que antes se chamava Comunidade Europeia.

Quando se fala em *Direito Supranacional*, como foi anunciado rapidamente antes, talvez o único fenômeno que poderia receber esse nome seria o Direito Comunitário Europeu, porque apenas ali os órgãos comunitários podem impor normas aos Estados e aplicá-las a eles, ainda que esse poder tenha necessariamente que ter sido dado pelos Estados, ao aceitarem se obrigar pelos tratados constitutivos.

Ao conhecer esse sistema jurídico *sui generis*, esse terceiro tipo de ordem, em parte conectado ao Direito Internacional, já que muitas de suas normas são contidas em tratados, mas em parte também constituído por normas internas próprias ao arranjo e que não são, propriamente falando, produto ou parte do Direito Interno dos Estados membros, o nosso viajante percebeu também modalidades de relação: i) entre o Direito Internacional e o Direito Interno, os Estados podendo abrir mão, por meio dos instrumentos internacionais que são os tratados, de parte de suas competências legislativas; ii) entre o Direito Comunitário e o Direito Internacional, cujos tratados na verdade ajudam a construir esse terceiro tipo de sistema; iii) entre o Direito Interno e o Comunitário, na combinação de suas regulações por meio da divisão de competências, mas sem desfazer a existência própria dos sistemas nacionais.

São relações entre sistemas jurídicos, portanto, e, mais uma vez, elas não são as primeiras a aparecer por qualquer diferencial de importância ou hierarquia. São apenas os acidentes do passeio.

O nosso viajante acaba também de completar o quadro de um outro tipo de pluralismo: aquele de sistemas jurídicos. No seio desse mundo plural, mas ainda restrito ao Direito, organizado em vários sistemas distintos, e ainda sem olhar para os outros tipos de normatividade que aquele firmamento lhe oferece à vista, ele começará a prestar atenção às relações que os sistemas podem entreter entre si.

4.
RELAÇÕES ENTRE O DIREITO INTERNO E O DIREITO INTERNACIONAL: PRIMEIRA MANIFESTAÇÃO DA RELAÇÃO ENTRE OS MÚLTIPLOS

A partir do ordenamento jurídico internacional, o nosso viajante percebe que há conexões entre esse sistema e todos os sistemas nacionais. Essa é uma conexão necessária, inescapável, mas ela se apresenta em diversas camadas. A primeira camada, ou a dimensão mais geral dessa relação, é o vínculo genérico entre ordens, decorrente do simples fato de que cada Estado está necessariamente vinculado ao Direito Internacional enquanto conjunto normativo e, portanto, alguma conexão entre sistemas jurídicos é igualmente necessária.

Em seguida, como já foi anunciado antes, pode-se perceber que cada Estado está vinculado a um certo número de normas do Direito Internacional, constituindo este o que se chamou de pacote de normas com que cada Estado se obriga.

Do ponto de vista do Direito Internacional, e de acordo com o princípio da soberania dos Estados, estes são livres para criar e manter o próprio Direito Interno. Mas, na medida em que os Estados devem observar as normas do Direito Internacional pelas quais estão obrigados, o Direito Interno não pode constituir uma violação dessas normas pelos Estados.

Isso não quer dizer que haja uma hierarquia entre as ordens ou entre as normas de uma e de outra. Simplesmente, o que isso quer dizer é que para efeitos do funcionamento do Direito Internacional, que só pode se preocupar com o cumprimento ou a violação de suas próprias normas, aquelas outras normas, estatais, em seu conteúdo ou em sua aplicação, podem constituir parte do universo factual da violação ou da observância pelos Estados do Direito Internacional. É por isso que se costuma dizer que, para o ordenamento internacional, o Direito Interno é um fato.

Mas então o nosso viajante percebe que há outras camadas dessa vinculação entre o Direito Internacional e cada sistema nacional. São linhas de conexão que operam na direção contrária, partindo do interno e não do internacional. E aqui fica claro o contraste: enquanto o Direito Internacional vê do mesmo modo cada sistema interno, por mais diverso que seja, cada ordenamento nacional estabelece seus modos de enxergar o internacional e de se relacionar com ele.

É por isso que, normalmente, quando chega para os estudantes de Direito o momento de conhecer essas relações entre os dois tipos de sistema, a discussão tende a se restringir ao tratamento do próprio Direito Nacional, aquele em que se está inserido – o brasileiro, por exemplo –, e do Direito Internacional.

E a tradição, nesta altura da discussão, diz que são feitas essencialmente três perguntas: Como as normas do Direito Interno organizam e distribuem os poderes para vincular o Estado internacionalmente? Como se dá a internalização, a incorporação ao Direito Interno daquelas normas de Direito Internacional pelas quais o Estado está obrigado? Qual o lugar hierárquico, entre as normas do Direito Nacional, que ocuparão aquelas que foram incorporadas a partir do Direito Internacional?

Pode-se ilustrar esse itinerário típico com o exemplo brasileiro. À primeira pergunta, no Brasil, tende-se a responder pela análise dos artigos da Constituição Federal que determinam as competências da Presidência da República e aquelas do Congresso Nacional. Essencialmente, diz-se que cabe ao presidente a celebração de tratados e acordos internacionais, *ad referendum* do Congresso; e diz-se que cabe ao Congresso decidir definitivamente sobre tratados e acordos internacionais celebrados pelo Brasil. Digo *essencialmente* porque há muitos detalhes que seriam forçosamente incluídos nessa discussão, entre eles, por exemplo, a questão sobre se seriam todos os tratados submetidos a essa dupla apreciação.

Ainda em relação a essa primeira pergunta, há uma limitação que não se resolve tão facilmente no Brasil, posto que essas regras nada dizem sobre como se determina a vinculação do país em relação às normas costumeiras. Mas, talvez esse seja justamente mais um indício de que as normas costumeiras não são propriamente criadas voluntariamente, mas criadas por via da prática dos Estados que não está necessariamente vinculada a uma vontade de legislar, mas antes decorre da política externa do país. Daí dizermos que é uma fonte espontânea do Direito.

À segunda pergunta, a que diz respeito à internalização do Direito Internacional, à incorporação de suas normas ao Direito Interno, o sistema brasileiro responde primeiramente pela afirmativa, ou seja, pela incorporação dos próprios instrumentos do Direito Internacional, como tais, ao corpo das normas nacionais. Cada tratado de que o Brasil faz parte passa a ser, depois de promulgado,[21] parte integrante do Direito brasileiro. Evidentemente, isso só se pode fazer em relação aos tratados e, por isso, pode novamente surgir a questão sobre a inclusão ou não do Direito costumeiro. A resposta que nosso sistema tem dado é a da sua inclusão pela via da jurisprudência.[22]

Outros sistemas jurídicos fazem escolhas diferentes, considerando, por exemplo, que só vige no seio do Direito Interno aquilo que é produção legislativa do próprio Estado. Nesse caso, o conteúdo normativo internacional

[21] A discussão sobre a necessidade ou não da promulgação dos tratados internacionais e sobre a resposta da jurisprudência pode ser encontrada, entre outros, em: MAGALHÃES, José Carlos de. *O Supremo Tribunal Federal e o Direito Internacional* – Uma análise crítica. Porto Alegre: Livraria do Advogado, 2000.

[22] Apesar da Constituição brasileira não lidar expressamente com a incorporação de costumes internacionais, a jurisprudência nacional os incorpora e aplica, cf. STF – ACO: 298 DF, Relator: Min. SOARES MUNOZ, data de julgamento: 14/04/1982, TRIBUNAL PLENO, data de publicação: *DJ* 17/12/1982 PP-13201 EMENT VOL-01280-01 PP-00009 RTJ VOL-00104-03 PP-00889.

A internalização dos costumes internacionais por via jurisprudencial, contudo, encontra limitações quando se trata de matéria penal. A ver o voto do ministro Celso de Mello na ADPF 153, o qual, em virtude do princípio da legalidade, entende pela impossibilidade do costume internacional em determinar a prescritibilidade ou imprescritibilidade da pretensão punitiva estatal. Cf. STF – ADPF: 153 DF 0006303-63.2008.1.000.0000, Relator: DIAS TOFFOLI, data de julgamento: 03/02/2021, data de publicação: 05/02/2021.

Tal compreensão foi contestada, entre outras razões, pela confusão conceitual do que significam os costumes internacionais. Cf. VENTURA, Deisy. A interpretação judicial da Lei de Anistia brasileira e o Direito Internacional. *Revista de Direito do Estado*, Rio de Janeiro, Renovar, n. 17-18, 2010, p. 212-213.

só operaria na esfera doméstica na medida em que tivesse sido retomado por normas do Direito Estatal.

As diferentes opções que os Estados podem fazer no que respeita a essa incorporação do Direito Internacional estão relacionadas a uma questão anteriormente tocada, apenas de leve, quando referimos a opção de Kelsen pela visão do Direito como fenômeno único. Kelsen era o que se costuma chamar de monista, alguém que enxergava o Direito Interno e o Internacional como um único Direito, uma manifestação una do Direito. Em oposição a essa postura monista estavam, e estão ainda, os ditos dualistas, aqueles que enxergam nos dois tipos de sistema fontes, sujeitos e campos de aplicação diferentes.[23]

Essa discussão já foi mais relevante. Com o tempo, percebeu-se que sua dimensão eminentemente teórica e abstrata, relacionada ao que se poderia chamar a *natureza* do jurídico, aportava pouco à compreensão do modo como se entrelaçam concretamente as normas dos dois ordenamentos. Sim, o reconhecimento concreto de que são *dois* ordenamentos (o internacional e *um* nacional de cada vez) nos leva a uma aceitação necessária de um certo dualismo. Mas, é comum o discurso no sentido de que os sistemas nacionais tendem mais ou menos para o dualismo radical ou para um monismo mais ou menos temperado.

A jurisprudência brasileira, por exemplo, soe descrever o nosso sistema como de um monismo moderado ou de um dualismo moderado,[24] justamente por prescrever a incorporação das normas internacionais, em sua forma original, ao conjunto das normas nacionais, ao mesmo tempo em que essa incorporação não se dá de modo automático, necessitando de ações dos órgãos estatais para que aconteça.

À terceira pergunta, aquela do lugar hierárquico ocupado pelas normas internacionais no seio do Direito Interno, o Brasil responde colocando-as no mesmo patamar ocupado pelas leis ordinárias. Outras escolhas seriam

[23] O debate entre monismo e dualismo, ao que tange o conflito entre o Direito Interno e o Direito Internacional, é antigo. O primeiro tem como representantes Hans Kelsen, seu idealizador, e Alfred Verdross; já o segundo, Heinrich Triepel e Dionisio Anzilotti.

[24] O entendimento do Supremo Tribunal Federal é de que o Brasil adota o dualismo moderado, cf. ADI 1480 MC / DF – Medida Cautelar na Ação Direta de Inconstitucionalidade, Relator Min. Celso de Mello. j. 04.09.1997 Órgão Julgador: Tribunal Pleno Publicação: *DJ* 18/05/2001; CR 8279 AgR/AT-Argentina, Relator(a): Min. Celso de Mello. Julgamento: 17/06/1998, data de publicação: *DJ* 10/08/2000.

possíveis e outros Estados as fazem: nível constitucional, patamar de lei complementar, etc.[25]

Também em relação a essa pergunta poderia haver maior dificuldade para definir o lugar hierárquico dos costumes internacionais e saber se é necessariamente o mesmo dos tratados. A posição destes últimos é dada pela jurisprudência brasileira, que poderia ter tomado outro caminho, na ausência de previsão legal sobre isso.[26] Com relação aos costumes, ainda que haja menor frequência dessa discussão, pode-se dizer com segurança que ocupam o mesmo patamar hierárquico.[27]

Que as escolhas possíveis são diversas não é algo demonstrado apenas pelo fato de que outros sistemas se diferenciam do nosso, mas também pela escolha que o Brasil fez, a partir de certo momento,[28] de estabelecer que alguns tratados, aqueles de direitos humanos, poderiam, cumpridas certas condições, ocupar um patamar superior. Para aqueles pelos quais o Brasil se obrigasse depois da Revisão Constitucional de 2004, se aprovados por maioria qualificada nas duas casas do Congresso Nacional, o nível de emenda constitucional. Para os demais, entrados em vigor para o País antes da dita Revisão, o patamar supralegal, essencialmente inventado por uma decisão do Supremo Tribunal Federal.[29]

[25] São diversas as formas de incorporação de tratados ao ordenamento nacional que levam em conta não apenas o sistema jurídico em questão, mas também o tratado em si. Por exemplo, o Direito português e o Direito francês recepcionam tratados por incorporação, mantendo sua natureza jurídica, em vez de transformá-los em ato legislativo nacional. Em exemplo diverso, os Estados Unidos da América internalizam tratados, de modo que se tornam hierarquicamente equivalentes aos chamados *Statutes.*

[26] Cf. nota 23.

O direito consuetudinário internacional é recepcionado pela jurisprudência, no caso brasileiro, sem necessidade de ato interno. Difere dos tratados, cujo *iter* de incorporação tem previsão constitucional e passa pelo Executivo e pelo Legislativo.

[27] Cf. nota 23.

[28] A partir de 2004, os tratados de Direitos Humanos, quando aprovados por quórum qualificado pelo Congresso Nacional, são equivalentes à Emendas Constitucionais. Cf. BRASIL. Constituição (1988). *Emenda Constitucional n. 45*, de 30 de dezembro de 2004. Publicada em: 31/12/2004.

[29] Em 2008, o Supremo Tribunal Federal revisou seu entendimento e passou a adotar a dupla hierarquia dos tratados de Direitos Humanos. Assim, tais tratados podem ter somente dois estatutos: se aprovados pelo rito especial, como prevê a EC n. 45/2004, equivalem ao *status* constitucional; os demais adquirem o *status* de supralegal. Cf. STF – RE: 466343 SP, Min.

As escolhas que os sistemas nacionais fazem, ao responderem a essas três perguntas fundamentais sobre a relação que estabelecerão com o Direito Internacional, não constituem certamente a totalidade dos modos como um sistema pode dialogar com o outro. É fato que o processo legislativo nacional e que aquilo que se poderia chamar de política legislativa dos Estados são influenciados por inúmeros fatores, e entre as opções legislativas adotadas estarão as cópias, as transposições de modelos, as inspirações aportadas pelo exemplo de outros ordenamentos, e também de outros tipos de normatividade, como veremos mais adiante.

Isso também é verdade no sentido contrário. Também os Estados, ao negociarem os conteúdos de seus tratados, podem se inspirar no que enxergam nos sistemas nacionais ou em outros tipos de conjuntos normativos não jurídicos. Os próprios costumes internacionais podem se formar ao longo do tempo sofrendo esse tipo de inspiração, na medida em que as referências tiradas de outros sistemas ou conjuntos ajudam a determinar o comportamento dos Estados e sua convicção sobre aquilo que se torna jurídico.

Ao longo desta jornada, veremos que a variedade dessas interações é tão grande que dificilmente poderia ser descrita em sua totalidade. Só o que se poderá fazer é oferecer ilustrações de alguns casos concretos.

Antes de abordarmos uma outra modalidade de relação, ainda clássica, entre sistemas jurídicos, e ainda antes de fazermos com que o nosso viajante se veja confrontado com o universo de outras normas que não aquelas incluídas em sistemas jurídicos, vejamos um lugar específico em que o Direito Internacional prevê explicitamente a possibilidade de de ir buscar nos Direitos Internos as normas que deve aplicar como se fossem suas.

Com efeito, como anunciado antes, quando da discussão das fontes do Direito Internacional e do art. 38 do Estatuto da CIJ, quando se verifica uma lacuna no ordenamento internacional, os tribunais podem buscar a resposta nos princípios gerais dos Direitos Nacionais.[30]

CEZAR PELUSO, data de julgamento: 03/12/2008, Tribunal Pleno, data de publicação: *DJe*-104 DIVULG 04/06/2009 PUBLIC 05/06/2009 EMENT VOL-02363-06 PP-01106 RDECTRAB v. 17, n. 186, 2010, p. 29-165.

30 Art. 38 do ECIJ, anteriormente referido.

O viajante chega então ao fim da sua exploração do Direito Internacional. Tendo visto as suas características fundamentais, suas especificidades mais marcantes, tendo conhecido os fenômenos combinados da expansão e da especialização, e tendo percebido as relações possíveis entre essa ordem jurídica e aquelas nacionais, ele dá agora um passo para fora do sistema e cai em um espaço ocupado pela pluralidade de sistemas jurídicos nacionais, cujas interações vai tentar compreender.

5.
RELAÇÃO ENTRE ORDENS NACIONAIS: SEGUNDA MANIFESTAÇÃO DA RELAÇÃO ENTRE MÚLTIPLOS

Tendo percebido as conexões existentes entre o Direito Internacional e o Direito Interno, sobretudo o modo como cada Direito Nacional organiza a sua relação com as normas do ordenamento jurídico internacional, nosso viajante agora vê que as ordens nacionais estão também conectadas umas às outras. Não se trata aqui daquela ligação genérica que iguala todos os Estados como membros de uma mesma sociedade, submetidos todos ao mesmo sistema jurídico.

A conexão aqui é de outra natureza. Assemelha-se a um diálogo em que os sistemas nacionais parecem de algum modo discutir a competência dos seus respectivos tribunais, a aplicação das normas por eles produzidas e os efeitos das decisões dos tribunais de uns nos ordenamentos dos demais. O nosso observador vê, de fato, os tribunais de um Estado julgando questões que têm relação com outros sistemas jurídicos; ele vê, por vezes, esses tribunais nacionais aplicando normas de outros ordenamentos como se fossem suas; e ele vê que os Estados reconhecem e dão efeitos em seu território a sentenças originadas nos tribunais de outros Estados.

Ele vê isso acontecendo em tempo real entre alguns sistemas jurídicos nacionais, mas percebe que aquelas mesmas coisas podem acontecer eventualmente entre cada sistema e cada um dos demais. Ou seja, ele percebe que as razões para que aquilo que vê na realidade concreta são as mesmas que permitem potencialmente que a mesma coisa aconteça de novo e de novo, entre quaisquer dois ou mais ordenamentos nacionais.

As razões são aquelas ligadas ao que poderíamos descrever como tendência dos seres humanos a não restringir suas interações sociais apenas aos membros de sua própria sociedade, aos membros de seu próprio Estado. Os seres humanos têm propensão a se deslocar entre Estados, a emigrar e a constituir domicílio ou residência em outros países, e têm uma tendência a fazer negócios ou estabelecer relações afetivas e familiares que atravessam as fronteiras. Diante desse quadro, no momento em que alguma dessas relações – ditas internacionalizadas, porque conectadas a mais de uma ordem jurídica – se transforma em uma controvérsia jurídica, coloca-se para os Estados, aqueles que poderão ser chamados a solucionar a controvérsia ou de algum modo lidar com ela, o desafio de responder a algumas perguntas. Essas perguntas são essencialmente três – ainda que evidentemente se desdobrem em muitas mais: se o tribunal daquele Estado for chamado por uma das partes a resolver a controvérsia, ele se perguntará primeiramente se tem competência[31] para julgar o caso; se a resposta for afirmativa, o mesmo tribunal se perguntará qual a lei que deve aplicar, a sua própria lei nacional ou aquela de um dos outros ordenamentos conectados ao caso, uma lei estrangeira; finalmente, quando uma decisão é tomada por um tribunal estatal de um dos ordenamentos envolvidos, mas precisa surtir efeitos, ser aplicada, em outro ordenamento, aquele sistema se pergunta se pode fazê-lo e se o fará.

Nosso observador nota então que, também aqui, cada sistema jurídico nacional tem suas próprias normas, seus próprios critérios, seus próprios métodos para responder a essas três perguntas fundamentais. A esse capítulo do Direito Interno costuma-se chamar Direito Internacional Privado. Não porque ele seja propriamente parte do Direito Internacional – ele não o é, senão em um sentido restrito que veremos adiante –, ou porque seja propriamente Direito Privado – tampouco o é, já que se trata de normas de Direito Público, dirigido às autoridades estatais.

O nome decorre do fato de que se trata daquelas normas de Direito Interno que lidarão com *situações privadas conectadas a mais de uma ordem*

[31] Ao deparar-se com um caso plurilocalizado, ou seja, um caso que contenha um elemento de estraneidade, o juiz deve, em um primeiro momento, questionar se a justiça brasileira tem jurisdição para julgar o caso.

jurídica, situações privadas internacionais, portanto. Mas o que isso quer dizer? E como ilustrar as situações?

Essencialmente, e comecemos pelo básico, as situações de natureza privada, para efeitos do Direito, são aquelas relacionadas à condição jurídica dos indivíduos, sujeitos do Direito; as relacionadas à família, ao casamento, à sucessão, à filiação; aquelas que dizem respeito às interações de natureza comercial, mercantil.

Quando esses tipos de interação se manifestam em contextos totalmente inseridos em um único ordenamento jurídico, não há por que se falar em Direito Internacional Privado, ao menos em princípio, já que não haveria qualquer razão para que sobre essas relações incidisse a competência de tribunais estrangeiros ou a aplicação de leis estrangeiras.

Quando é, então, que se pode falar de uma "internacionalização" dessas relações privadas? Os elementos que internacionalizam a relação, aos olhos de cada sistema jurídico e de seus juízes, são aqueles que estabelecem conexões com outros ordenamentos jurídicos: a nacionalidade das partes, o seu domicílio, o lugar de celebração de um casamento ou de um contrato, o lugar de nascimento da criança, o lugar em que se encontram os bens, o lugar em que deve ser cumprida uma obrigação, etc.

Quando a conexão que um ou alguns desses elementos estabelecem com outras ordens é suficientemente forte – e isso só se pode decidir no caso concreto – de modo a atrair a jurisdição dos tribunais estrangeiros ou a aplicação de normas estrangeiras, dá-se aquilo que na linguagem da disciplina pode ser chamado de conflito.

Se os tribunais de mais de um ordenamento podem se considerar competentes para conhecer a questão, tem-se um conflito, positivo, de jurisdição. Se nenhum se tem por competente, temos um conflito, negativo, também de jurisdição.

De igual modo, se temos mais de uma lei que se pode, potencialmente, aplicar, estamos diante de um conflito de leis (o que não significa necessariamente que elas aportem respostas jurídicas divergentes, mas apenas que são aplicáveis de maneira alternativa). E, por fim, se estamos diante de classificações jurídicas divergentes sobre o mesmo tipo de situação, tem-se o que se chama de conflito de qualificações.

Assim, um juiz qualquer, confrontado com um caso que apresente conexões com mais de um ordenamento, terá que decidir se tem competência para julgar o caso, se qualifica as questões que tem diante de si pelos critérios do seu sistema ou por aqueles de um sistema estrangeiro e se aplica a sua própria lei ou uma lei estrangeira.

Também um juiz ou um judiciário nacional qualquer, diante de uma decisão proferida por um juiz estrangeiro ou simplesmente provinda de um outro Estado que não o seu, pode ser levado a deliberar se essa decisão produz ou não efeitos em seu território.

Os critérios para que esse juiz ou esse judiciário encontre as respostas para todas as questões apresentadas serão encontrados no próprio sistema nacional, ainda que esse critério seja um comando para ir buscar a resposta em outros ordenamentos.

Como, no entanto, os Estados, como membros de uma sociedade internacional, e como entes que se preocupam coletivamente com problemas a serem resolvidos pela via da cooperação, percebem que a diversidade de respostas – e a divergência entre as várias respostas – aportadas pelos sistemas jurídicos nacionais é um fator de insegurança jurídica para aqueles que se relacionam, privadamente, através de fronteiras, eles muitas vezes tentam construir respostas comuns, harmônicas para as perguntas elencadas.

Desse modo, há inúmeras ilustrações de tratados internacionais, portanto instrumentos de Direito Internacional Público, cujo objeto é, justamente, a harmonização das respostas, dos critérios, das normas de Direito Internacional Privado.

Agora, então, nosso viajante conheceu não apenas a mais tradicional das modalidades de relação entre ordens jurídicas nacionais, mas viu também uma nova forma de relação entre o Direito Internacional e o Direito Interno, esse último manifestado mais especificamente naquelas normas ditas de Direito Internacional Privado.

Nesta parte do livro que se tem em mãos não houve a pretensão de esgotar todas as formas de relação entre Direitos Nacionais. Existem aqui também tantas outras possibilidades de inspiração, cópia, cooperação, diálogo, que seriam difíceis de mapear e cuja descrição escaparia ao que se quer apresentar ao viajante.

E este agora percebe, olhando para os sistemas jurídicos, algo que já não diz respeito às suas interações (o que o faz apenas em parte) e falam mais de suas características, de suas naturezas talvez.

6.
TRADIÇÕES JURÍDICAS[32]

Nosso viajante, desde que se viu diante de um firmamento de normas ainda indefinidas, à medida em que avançou na exploração desse todo normativo, percebeu diversas coisas. Ele percebeu primeiramente a marca da diferença das normas jurídicas; logo, a organização dessas normas especiais em ordenamentos, em sistemas jurídicos; em seguida conheceu um tipo de ordenamento, ainda jurídico, mas diferenciado, o Direito Internacional; viu um sistema, também jurídico, que talvez se pudesse chamar de *sui generis*, o Direito Comunitário; e, assim, juntando tudo isso, conheceu um primeiro pluralismo, aquele de sistemas jurídicos.

Talvez fosse mais apropriado dizer que conheceu, assim, um segundo tipo de pluralismo, já que antes de passar pela diversidade de sistemas jurídicos, nacionais, internacional, comunitário, ele passou, ao se familiarizar com as propriedades do Direito Internacional, pelo processo de fragmentação que acomete essa ordem, e viu assim o que chamamos de pluralismo de regimes, um tipo bem particular de pluralismo, já que concerne os Regimes Jurídicos Internacionais, entendidos como pedaços especializados de uma mesma ordem internacional.

[32] Uma discussão mais detida dos argumentos apresentados a seguir pode ser encontrada na obra *Representações do Direito e a crise da modernidade*. Cf. GHIRARDI, José Garcez; NASSER, Salem Hikmat. *Representações do Direito e a crise da modernidade*. São Paulo: FGV, 2016.

No seio desse universo plural, ainda que restrito, por enquanto, à diversidade de ordenamentos jurídicos, o nosso viajante percebeu também as primeiras modalidades de relações entre as múltiplas manifestações dos conjuntos normativos. Conheceu o principal modo de relacionamento entre o Direito Internacional e os Direitos Nacionais e também conheceu a principal forma pela qual se dão as relações entre sistemas nacionais, pelos mecanismos do Direito Internacional Privado. Finalmente, pôde dar uma espiada na conexão que o Direito Comunitário, enquanto um terceiro tipo de ordem jurídica, estabelece entre o Direito Internacional e os Direitos Internos dos Estados Membros.

Olhando ainda para os sistemas jurídicos nacionais, ele percebe agora um novo fato ao compará-los. A despeito de suas semelhanças em aspectos fundamentais – a centralidade do poder do Estado; a hierarquia normativa; o campo de aplicação vinculado ao território –, os ordenamentos apresentam diferenças importantes. E mais, ele percebe que poderia classificar esses ordenamentos em grupos, de acordo com os traços que têm em comum. Digamos que ele consegue pensar os sistemas como constituindo famílias.[33]

De início, ele distinguirá duas grandes famílias de ordens jurídicas, e logo descobrirá que elas têm nomes: a família dos sistemas de *civil law*, ou civilistas; e a família dos sistemas de *common law*. Admitamos que o nosso viajante perceba os diferenciais de funcionamento dos sistemas antes de conhecer a história que levou à sua implantação em cada Estado específico. Assim, ele verá primeiramente que os sistemas pertencentes à primeira das famílias mencionadas acima operam sobretudo por referência ao Direito escrito, codificado, enquanto aqueles outros, pertencentes à segunda família, operam fundamentalmente encontrando o Direito nos precedentes historicamente aplicados pelos tribunais.

Ele percebe que esses dois modos distintos de conceber o jurídico e seu funcionamento são também ditos *tradições jurídicas*[34] – uma civilista e a outra do *common law* –, e reconhece que um significado possível para *tradição* é muito apropriado para descrever o que tem diante de si: algo que tem suas

[33] GHIRARDI, José Garcez; NASSER, Salem Hikmat. *Representações do Direito e a crise da modernidade*. São Paulo: FGV, 2016. GLENN, Patrick H. *Legal Traditions of the World*. Nova York: Oxford University Press, 2010.

[34] GLENN, Patrick H. *Legal Traditions of the World*. Nova York: Oxford University Press, 2010.

raízes no passado, que perdura no tempo, que sofre mudanças, mas que mantém traços, permitindo a identificação de certa continuidade.[35]

Assim, identifica o percurso histórico dessas duas tradições, a primeira deitando suas raízes no Direito Romano e perfazendo a concepção prevalente do Direito na Europa continental; a segunda tendo suas origens na invasão normanda das ilhas inglesas, quando os normandos escolheram exercer o seu poder de conquistadores não pela via do estabelecimento das normas a serem seguidas naquela sociedade, mas, sim, centralizando a prerrogativa de decisão – dos tribunais e dos juízes –, ainda que com a aplicação do Direito anteriormente existente, o *Direito comum*.[36]

Há, portanto, um universo cultural, civilizacional e histórico conectado a cada uma dessas duas tradições jurídicas. Um espaço em que cada uma delas opera de um modo que poderíamos dizer natural, ou autêntico: o da Europa continental para um e o do mundo anglo-saxão para o outro. A história dessas tradições mostrará, no entanto, que elas foram levadas, desde seus berços naturais, pelas potências europeias e implantadas em possessões coloniais.

Em algumas das terras colonizadas, essas tradições aparecem como igualmente naturais ou autênticas, como acontece, por exemplo, nas Américas – no sul civilista e no norte da *common law*. Isso só é assim porque a única resistência, frágil, que essa herança jurídica da colonização encontrou foi aquela de uma tradição dita *ctônica*, ou seja, relacionada à relação simbiótica, ou natural, das populações com a terra e com a natureza. Essa tradição continua a existir, mas de modo marginal, restrita ao que resta das populações originárias e ao que elas conseguem preservar de sua visão de mundo.

Em outros lugares, no entanto, a dominação colonial carregou consigo a tradição jurídica e a instalou em lugares, territórios, e a impôs a populações e culturas que já conheciam há muito outras concepções de mundo a que correspondiam tradições jurídicas próprias, complexas, muito ricas e resilientes. Algumas dessas tradições são de origem, inspiração e fundamentação religiosa, como o Direito Hindu, o Direito Talmúdico, o

[35] Para Glenn (2010), a tradição jurídica é informação normativa, que, por meio de processo dinâmico e contínuo ao longo do tempo, se modifica, oscilando entre a variação e a estabilidade.

[36] GLENN, Patrick H. *Legal Traditions of the World*. Nova York: Oxford University Press, 2010.

Direito Islâmico,[37] e ao menos uma das mais importantes pode ser dita de inspiração e fundamentação filosófica, a Confucionista.

A resiliência dessas tradições, decorrente fundamentalmente da sua correspondência com visões de mundo muito arraigadas, sempre foi tal que, a despeito do grande poder exercido pelas metrópoles coloniais, havia uma tendência a resguardar uma parte da vida das populações e mantê-la regida por esse Direito próprio. Normalmente, essa esfera de aplicação dessas tradições próprias, locais, era aquela mais próxima da vida íntima e familiar dos membros da sociedade originária.

Ainda quando as potências coloniais se vão, deixando atrás de si um mesmo modelo de organização social e política que é o Estado, e também suas instituições e seu sistema jurídico, o pertencimento desses novos Estados àquelas tradições jurídicas legadas aparece como menos autêntico, menos natural. Ali, o Direito herdado das metrópoles aparece, em alguma medida, desconectado da visão de mundo ou da filosofia de vida das populações e, por isso, se vê também em uma convivência por vezes desconfortável com as tradições locais, por assim dizer.

Essa permanência, essa continuada operação das normas e das instituições pertencentes a modos diversos de representar o Direito,[38] a tradições jurídicas diferentes, revela ao nosso observador a diversidade de representações de maneira concreta; não se trata, essa multiplicidade, de mero exercício filosófico ou teórico acerca da ampla capacidade humana de imaginar o mundo e a sua regulação por normas.

Agora, então, o nosso viajante tem diante de si um tipo adicional de multiplicidade presente e identificável no seio daquele firmamento de normas cuja exploração ele empreende. Ele percebe diferenças importantes entre as tradições e ensaia um mapeamento delas.

A primeira distinção, talvez fundamental entre todas, está relacionada ao que poderíamos chamar de fonte primeira ou fundamentação última[39] da validade das normas e da tradição como um todo. Algumas das grandes

[37] GLENN, Patrick H. Legal *Traditions of the World*. Nova York: Oxford University Press, 2010.

[38] Sobre as formas como se concebe e vivencia o Direito, cf. GHIRARDI, José Garcez; NASSER, Salem Hikmat. *Representações do Direito e a crise da modernidade*. São Paulo: FGV, 2016.

[39] Para análise comparativa entre narrativas legitimadoras do Direito no Ocidente e no Oriente, cf. NASSER, Salem Hikmat; GHIRARDI, José Garcez. O divino e o racional no Direito: notas para um diálogo entre sistemas jurídicos. *Revista de Direito Internacional*, Brasília, v. 17, n. 1, p. 180-194, 2020. Ainda, sobre a origem primeira e o fundamento último, cf. GHIRARDI, José

tradições jurídicas expressam aquilo que aceitam como uma vontade divina revelada aos seres humanos. Nelas, o Direito tem origem divina, por assim dizer, e os mais discutidos exemplos são aqueles do Direito Hindu, do Direito Talmúdico e do Direito Islâmico. Como dito acima, o Direito de origem confucionista é mais precisamente qualificado como de inspiração filosófica do que religiosa.

Esse primeiro elemento de diferenciação já oferece a oportunidade de estabelecer o que aparecerá como notável contraste entre essas tradições religiosas ou filosóficas e aquelas duas primeiras referidas, a civilista e aquela do *common law*. Na verdade, o contraste é mais propriamente apontado em relação às características que essas duas tradições adotaram ou incorporaram ao longo da história e da evolução do mundo ocidental, no centro das quais está uma pretensão à racionalidade de corte moderno.[40] É justamente por conta dessa pretensão comum a essas duas tradições que hoje conhecemos tal como elas emergiram da modernidade ocidental, que há quem se pergunte se no fundo não constituiriam duas manifestações de uma mesma tradição.[41]

Decorrem dessa distinção primeira, a que se refere ao fundamento último ou fonte primeira das normas, as outras diferenças que é possível apontar, e que parecem opor em dicotomias, aquelas religiosas e filosóficas, de um lado, e aquela (ou aquelas duas) da modernidade ocidental, de outro: as primeiras tendem a enfatizar os conteúdos normativos –, já que a vontade divina não é muito propícia à variação – enquanto estas últimas terão uma preocupação maior com procedimentos, inclusive aqueles que levarão à atualização dos conteúdos; aquelas primeiras tenderão a priorizar o coletivo e os deveres dos membros da sociedade, enquanto estas últimas articularão com mais frequência a linguagem da subjetividade individual e dos direitos subjetivos.[42]

Garcez; NASSER, Salem Hikmat. *Representações do Direito e a crise da modernidade.* São Paulo: FGV, 2016, p. 23-29.

40 Sobre esse argumento específico ver, particularmente, NASSER, Salem Hikmat; GHIRARDI, José Garcez. O divino e o racional no Direito: notas para um diálogo entre sistemas jurídicos. *Revista de Direito Internacional, Brasília,* v. 17, n. 1, p. 180-194, 2020.

41 Sobre tradições jurídicas, cf. GLENN, Patrick H. *Legal Traditions of the World.* Nova York: Oxford University Press, 2010.

42 Sobre a origem primeira e o fundamento último, cf. GHIRARDI, José Garcez; NASSER, Salem Hikmat. Representações do Direito e a crise da modernidade. São Paulo: FGV, 2016, p. 23-29.

7. RELAÇÕES ENTRE OS SISTEMAS JURÍDICOS E AS TRADIÇÕES: TERCEIRA MANIFESTAÇÃO DA RELAÇÃO ENTRE MÚLTIPLOS

Naturalmente, as tradições jurídicas de origem religiosa ou filosófica não se pretendem destinadas a viger de modo espacialmente limitado, territorialmente, como acontece com todo Direito Estatal, Nacional, especialmente se considerarmos que os Estados são construções políticas e sociais tardias em relação ao surgimento e à consolidação dessas tradições.

Na medida em que as sociedades humanas evoluíram na sua organização e hoje constituem Estados territorialmente delimitados, em que o essencial do Direito é produzido pelos órgãos estatais ou precisa ser ao menos reconhecido por esses órgãos, aqueles outros Direitos, o Hindu, o Confucionista, o Talmúdico, o Islâmico, só poderão constituir o Direito Estatal na medida em que haja uma vontade política do Estado de fazer com que o sistema jurídico a operar em seu território seja aquele contido nas normas de uma dessas tradições.

Ainda que um Estado qualquer pretenda fazer da própria tradição o seu Direito, ou seja, reconhecer como jurídicas apenas as normas da tradição, tal como historicamente construída, e pretender apenas aplicar essas normas, sem lhes aportar qualquer adição ou edição decorrente do papel estatal, haverá mesmo assim um necessário processo de adaptação. A primeira razão para isso está no fato, já apontado acima, de que essas tradições tendem a não ser específicas em relação a procedimentos e funcionamento de instituições.

A segunda razão está em que as tradições tampouco são universos normativos completos; elas não contêm as normas aplicáveis a todas as circunstâncias e em todos os tempos. Ainda que elas prevejam mecanismos de atualização e adaptação, o fato é que o *corpus normativo* de cada uma das tradições normalmente aparece e é apresentado como razoavelmente estável e de difícil mudança – lembrando, mais uma vez, que é difícil conceber Deus mudando de ideia de acordo com as mudanças dos tempos. Assim, os Estados se veem forçados a produzir normatividade com a qual as normas da tradição terão que conviver e dividir espaço.

Em seguida, nota-se ainda que as tradições conhecem escolas ou linhas de interpretação diferentes e que os Estados, ao pretenderem fazer da tradição o seu Direito, escolhem uma ou outra dessas escolas ou linhas e tendem também a operar adaptações das normas por via da interpretação que delas fazem os órgãos estatais ou da sua aplicação pelos tribunais.

De todo modo, poucos Estados de fato pretendem ou dizem aplicar a própria tradição, em seu estado puro, por assim dizer – e ainda que tal pureza fosse possível em qualquer contexto que trate da aplicação de normas por seres humanos.[43] A maior parte dos Estados aceita como parte de seu Direito Interno aquelas normas da tradição que eles consideram relevantes, por razões que farão alguma combinação de política e valores sociais prevalentes. Esses Estados farão isso, quer legislando e criando normas estatais que pretendam corresponder em conteúdo normativo ao que contém a tradição, quer reservando, no seio de seu sistema jurídico, um espaço para o que seria a aplicação direta da tradição – ou mais de uma delas, em alguns casos – em determinados campos da vida.

Assim, por exemplo, um Estado pode ter um sistema de leis codificadas, inspirado, digamos, na herança da metrópole colonial à qual aquele território e aquela sociedade estiveram submetidos até algumas décadas atrás, cobrindo boa parte das relações jurídicas, privadas e públicas, por via de códigos, civil, comercial, penal, etc., mas manter os assuntos relacionados ao estatuto pessoal e à família submetidos ao Direito Islâmico ou ao

[43] A Arábia Saudita é exemplo de aplicação da Sharia como única fonte do direito, cf. NASSER, Salem Hikmat. Seria a *sharia* a única fonte do Direito nos países árabes? *In*: ARAÚJO, Heloisa Vilhena (org.). *Diálogo América do Sul* – Países árabes. Brasília: Funag, IPRI, 2005, p. 51-52.

Direito Talmúdico.[44] É possível conceber o mesmo tipo de exemplo para um Estado que tenha herdado um sistema que seria incluído na família dos sistemas de *common law*.

Nessas sociedades, nesses Estados, portanto, o nosso observador encontrou uma nova modalidade de relação entre os múltiplos deste nosso universo normativo: a relação entre tradições jurídicas, por via do lugar relativo que o sistema jurídico nacional reserva a cada tradição em seu próprio seio; ou, se quisermos, podemos descrever o fenômeno como uma relação entre o Direito Estatal, criado pelo Estado (normalmente inserido nas tradições civilistas ou de *common law*), e as tradições jurídicas outras, de inspiração outra e, sobretudo, que não podem ser tidas como criadas pelos Estados ou pelos homens.

Todavia, as relações entre tradições jurídicas, ou entre Direitos Nacionais, e as tradições outras que não a sua - e aqui as ilustrações mais interessantes dizem naturalmente respeito ao contato com componentes religiosas ou filosóficas dessas tradições - não se encerram nessa convivência ditada pelos Estados no seio de um mesmo ordenamento jurídico. E certamente não estão circunscritas aos Estados que sofreram dominação colonial que resultou em adoção de uma tradição jurídica que lhe era estranha ao lado daquela - ou daquelas - que conhecia a sua história, ainda que nestes casos a relação desenvolva complexidades e problemas mais marcados.

Também aqueles sistemas nacionais em que nenhum espaço é reservado para tradições outras, especialmente se forem tradições em que outras visões de mundo operam, precisam, em circunstâncias e ocasiões diversas, lidar com as relações que podem se estabelecer. Assim, mesmo os Estados ocidentais, aqueles que, como dito antes, seriam os do berço natural da tradição civilista e também daquela do *common law*, terão que lidar com o Direito Islâmico, o Talmúdico, o Hindu, por vezes como o que se poderia chamar de um Direito de Minoria,[45] como parte de uma

[44] Esse é o caso, por exemplo, na maior parte dos países árabes. cf. NASSER, Salem Hikmat. Seria a *sharia* a única fonte do Direito nos países árabes? *In*: ARAÚJO, Heloisa Vilhena (org.). *Diálogo América do Sul* - Países árabes. Brasília: Funag, IPRI, 2005, p. 37-64.

[45] Sobre a Sharia como Direito de Minoria, ou seja, quando existem em ordenamentos que não lhe reconhecem a capacidade normativa, cf. NASSER, Salem Hikmat. Seria a *sharia* a única fonte do Direito nos países árabes? *In*: ARAÚJO, Heloisa Vilhena (org.). *Diálogo América do Sul* - Países árabes. Brasília: Funag, IPRI, 2005, p. 47-48.

regulação paralela, não produzida pelos privados, mas incorporado por eles para a organização de suas relações e a solução de suas controvérsias.[46]

O modo talvez mais usual de levar essas ordens jurídicas a se relacionarem necessariamente com outras tradições é aquele do mecanismo do Direito Internacional Privado.[47] Com efeito, quando confrontados com aquelas perguntas, referidas acima, decorrentes das relações privadas e conectadas a mais de uma ordem jurídica, os juízes nacionais, de qualquer tipo de sistema, terão necessariamente que lidar com o que dizem os outros sistemas, com os quais a situação concreta que têm diante de si tem conexão. Essa relação será especialmente relevante nos casos em que os juízes tiverem que aplicar a lei de outro Estado, quando essa lei é decorrente de uma tradição diversa, religiosa, por exemplo, ou em que os juízes ou autoridades estatais precisarem reconhecer sentenças e decisões fundadas em normas dessas tradições outras.

Finalmente, a observação das relações possíveis entre tradições jurídicas ou entre essas tradições e sistemas jurídicos fará com que o nosso viajante perceba ainda uma modalidade diferente: aquela das relações entre o Direito Internacional e as tradições jurídicas não ocidentais. Isso não quer dizer que o Direito Internacional seja propriamente de corte civilista ou de *common law*, mas sim que a mesma modernidade que deu aos Direitos Ocidentais as suas feições inaugurou o sistema de Estados tal como o conhecemos. Por isso, a pergunta se coloca mais no sentido de saber se, e em qual medida, outras tradições jurídicas podem ter contribuído para o *corpus* normativo do Direito Internacional. Isso pode ter acontecido e pode ainda acontecer a qualquer momento na medida em que normas ou princípios identificados com essas tradições foram ou venham a ser incorporados ao corpo das normas costumeiras internacionais, inscritas em tratados, ou referidas pelos tribunais internacionais enquanto princípios gerais do Direito.[48]

[46] Da Sharia como regulação paralela da sociedade, e também como mecanismo de solução de controvérsias, cf. NASSER, Salem Hikmat. Seria a *sharia* a única fonte do Direito nos países árabes? *In:* ARAÚJO, Heloisa Vilhena (org.). *Diálogo América do Sul* – Países árabes. Brasília: Funag, IPRI, 2005, p. 55-57.

[47] Sobre a relação entre o Direito Internacional Privado e o Direito Islâmico, cf. NASSER, Salem Hikmat. Direito Islâmico e Direito Internacional: os termos de uma relação. *Revista Direito GV*, v. 8, n. 2, p. 725-744, 2012.

[48] NASSER, Salem Hikmat. Direito Islâmico e Direito Internacional: os termos de uma relação. *Revista Direito GV*, v. 8, n. 2, p. 725-744, 2012.

8.
SOFT LAW: DIREITO E NÃO DIREITO

Tendo conhecido o diferencial das normas jurídicas, sua validade e seu pertencimento a um sistema jurídico; tendo mapeado os ordenamentos jurídicos e identificado aqueles nacionais, o internacional, o comunitário; tendo percebido as relações entre os regimes do Direito Internacional, enquanto partes especializadas dessa ordem; tendo percebido igualmente as relações entre sistemas jurídicos, aquelas entre o internacional e os nacionais e também as que põem em contato os sistemas jurídicos estatais; tendo conhecido a pluralidade de representações do Direito, as diversas tradições jurídicas e as relações que estas podem ter entre si e com as ordens jurídicas nacionais e a internacional, o nosso viajante levanta novamente o olhar e vê que tem diante de si, ainda por explorar, todo um universo de normas, incrivelmente numerosas, incrivelmente diversas, estabelecendo inúmeras relações entre si e com as ordens e normas jurídicas.

Essas outras normas talvez só conheçam um único traço que se pode dizer comum a todas e a cada uma delas: elas não são jurídicas; falta-lhes aquela diferença referida acima.

Na verdade, se nosso viajante pudesse observar não só o tempo presente desse universo normativo que tem diante de si, mas também pudesse projetar seu olhar para o passado e para o processo de progressão vivido por esse universo ao longo de anos ou décadas, ele veria certamente o aumento marcado no número de normas.[49]

[49] Por exemplo, o Direito Internacional passou por significativa e acelerada expansão desde a segunda metade do século XX, cf. SHAFFER, Gregory; GINSBURG, Tom. The Empirical

Imaginando que isso lhe fosse possível e que ele tivesse prestado atenção a essa expansão do normativo, sabemos que ele veria que esse é um fato verdadeiro para os sistemas jurídicos nacionais, assim como é verdade para o Direito Internacional. A expansão do número de temas dessa última ordem, aliás, ele já teve a oportunidade de observar quando se falou da fragmentação do Direito Internacional.

Para além do aumento de normas inseridas nos sistemas jurídicos, aos quais certamente está associado o mesmo fenômeno de especialização que se conectou, antes, à fragmentação do internacional, ele perceberá algo ainda mais significativo: a expansão fenomenal das normas que *não* pertencem aos sistemas jurídicos.

Ao constatar essa expansão das normas não jurídicas – segundo os termos admitidos por nós desde o começo –, o nosso observador estará diante de uma evolução social extremamente relevante e relacionada ao universo do normativo: a competição crescente que outros tipos de normas, de diferentes procedências, decorrentes do trabalho de autores diversos, impõe ao Direito, aos sistemas jurídicos nacionais e também àquele internacional. Na medida em que é possível dizer que cada vez mais situações e relações são objetos de normatização, talvez também seja possível afirmar que um número cada vez maior dessas situações e dessas relações estará de algum modo submetido ou sob a incidência[50] de normas outras que não as jurídicas.

Em parte, isso quererá dizer que muitas dessas normas não serão produzidas pelo Estado ou, pelo menos, ainda que produzidas por ele, não o serão para efeito de inclusão nos sistemas jurídicos, ou seja, serão normas *não jurídicas*, produzidas pelo Estado. Esse fato terá relevância para o que se dirá adiante sobre autorias das normas de que se está falando.

Turn in International Legal Scholarship. *The American Journal of International Law*, v. 106, n. 1, jan. 2012, p. 5-6. A expansão do Direito *(law)* tem, como correspondência, o aumento do número de direitos subjetivos, como aponta Marc Galanter no caso dos Estados Unidos da América, cf. GALANTER, Marc. *Por que "quem tem" sai na frente*: especulações sobre os limites da transformação no Direito. Tradução e organização: Ana Carolina Chasin. São Paulo: FGV DIREITO SP, 2018, p. 24-25.

[50] Aqui se impõe um cuidado com a língua, na medida em que se pode entender que o termo "submetido" se refere a situações em que a incidência das normas se dê pela via da obrigatoriedade, o que é típico do Direito, mas não o é em relação às normas de que tratamos aqui.

Essa evolução social e normativa que parece operar verdadeiras revoluções, restringindo o campo de aplicação do Direito por via do que se poderia chamar de dupla fuga – em relação ao Direito e em relação ao Estado –,[51] e preferindo muitas vezes a noção mais genérica e dúbia de *governança*,[52] e convidando alguns à redução do papel relativo do Direito e outros a um seu superdimensionamento, na medida em que tentam expandir o conceito de Direito para que abarque outros tipos de normatividade, é de difícil descrição na sua inteireza e não poderá senão ser arranhada aqui, ao longo de nosso percurso, enquanto acompanhamos o nosso viajante.

Em relação a esse ponto central, da distinção entre o jurídico e o não jurídico, talvez seja importante lembrar que não se trata aqui de ditar um modo único de conceituar aquilo que seria a natureza do Direito. O nosso viajante, ou qualquer outro observador que pretenda compreender esse nosso universo de normas, é sempre livre para conceituar o Direito de modo diverso do nosso e poderá, portanto, considerar que todas as normas de que se falará a seguir – ou ao menos algumas delas – são jurídicas segundo uma concepção diferente de Direito.

O que se perderia, então, seria a capacidade de diferenciação, importante inclusive para fins pragmáticos, de compreensão do funcionamento das normas e de suas relações, entre aquilo que pertence a ordens jurídicas que se querem conjuntos unitários e coesos de normas válidas e aquilo que não pertence a essas ordens.

O observador que queira conceituar o Direito de modo divergente ainda não poderá, por mais que tente, incluir nesses sistemas as normas que os próprios ordenamentos não reconhecem como suas e nem poderá negar o fato de que existem, e são muitas, essas normas que não são parte dos sistemas. Trata-se de um fato.

[51] O movimento de fuga dupla da governança sugere que a função de ordenamento da vida não está mais sob domínio do Estado, cf. NASSER, Salem Hikmat; GHIRARDI, José Garcez. O que se diz e o que se cala: a governança entre a fuga do Direito e a busca pelo controle. *NOMOS*, Fortaleza, v. 38, 2018, p. 735-736.

[52] O vocábulo "governança" possui diversas acepções, a depender do contexto, e por isso exige um ajuste semântico para que se faça compreender seu uso em um argumento. Cf. NASSER, Salem Hikmat; GHIRARDI, José Garcez. O que se diz e o que se cala: a governança entre a fuga do Direito e a busca pelo controle. *NOMOS*, Fortaleza, v. 38, 2018, p. 733.

É possível, e é também comum, fazer uso de uma expressão que tenta dar conta da aproximação dessas normas outras com o mundo do Direito ao mesmo tempo em que se quer expressar alguma diferença em relação a ele. A expressão é *soft law*.[53]

O uso da expressão é muito diverso e, normalmente, não se sabe a extensão do que pretende cobrir até que o contexto em que se insere fique claro. O sentido também varia; alguns pretenderão dizer que a expressão serve a apoiar o pertencimento das normas ao mundo do jurídico, ainda que *de algum modo diferente*, por conta do *soft*. Outros, ao contrário, sustentarão que a expressão só poderia servir para apontar para aquilo que não é Direito,[54] porque, se o fosse, seria *hard law*. Ou seja, tanto os defensores da expansão do conceito de Direito quanto os defensores da especificidade do jurídico podem se valer da expressão e ela não pode servir de árbitro entre eles.

Assim também, quando divorciada de um contexto específico, a expressão não ajudará muito na análise das normas não jurídicas porque não opera qualquer distinção mais esclarecedora. Ela será apenas um nome que se pode dar a isto que estamos chamando de universo de normas que se encontram fora dos sistemas jurídicos.

É muito provável que uma característica negativa, o não pertencimento a ordens de normas jurídicas, não pareça suficiente para dar conta da compreensão das normas que agora se oferecem à análise de nosso viajante. Ainda assim, talvez não houvesse escapatória e talvez fosse preciso contentar-se com tão pouco; isso seria assim se nos víssemos obrigados a considerar cada norma como uma singularidade, um caso único que não tivesse nada em comum com outras normas.

No entanto, nosso observador perceberá, ainda que com algum esforço, que é possível encontrar comunalidades entre as normas e que é possível ensaiar classificações, divisões, categorizações.

[53] Ver, sobre a noção, NASSER, Salem Hikmat. *Fontes e normas do Direito Internacional*: um estudo sobre a *Soft Law*. 2. ed. São Paulo: Atlas, 2006. Lembrando que ali se restringe a discussão aos efeitos da noção no universo do Direito Internacional.

[54] Na obra citada, estabeleço uma distinção básica entre o uso da expressão para referir normas que são propriamente jurídicas, mas que, por alguma razão, apresentam um conteúdo menos constringente ou menos claro, de um lado, e o uso da mesma expressão para referir os instrumentos normativos, mas que não criavam Direito. Esse segundo tipo é o que nos importa e é o que trato aqui.

Lembrando das metáforas que lhe ocorreram antes, a da pirâmide que lhe permitiu compreender a estrutura dos Direitos Nacionais, e o seu abandono por algo que mais se assemelhava a uma rede de normas e instituições ao lidar com o Direito Internacional, o viajante se vê agora diante de uma multiplicidade de formações, de constelações normativas; talvez não seja um número infinito delas, mas certamente parece ser algo incontável.

Como encontrar algum – ou alguns – fio condutor que permitirá dar sentido aos conjuntos que percebe diante de si? Que critérios podem ser usados para ordenar as normas e proceder à sua compreensão?

9.
UM MUNDO DE REGIMES?

Um primeiro critério comumente usado para explicar a organização dos agregados de normas sem passar pelo seu pertencimento a um sistema jurídico é aquele do tema de que se ocupam as normas, aquele do campo de especialização ou saber com o qual estão relacionadas.

Uma literatura referencial[55] no uso desse critério sustenta que o Direito[56] estaria passando por transformações em resposta a um processo de diferenciação funcional que acomete a sociedade. A diferenciação funcional da vida operaria uma distinção entre campos de especialização, de saberes, de preocupações, de temáticas e problemas que ensejaria a produção de normas especializadas de acordo com os saberes e a linguagem próprias de cada campo.

O Direito, em decorrência disso, estaria se transformando de dois modos fundamentais: deixando de ser *normativo* para ser *cognitivo*, e deixando de ser *territorial* para ser *setorial*.

[55] Aqui se faz referência, essencialmente, à obra de Teubner, cf. TEUBNER, Gunther. Two Kinds of Legal Pluralism: Collision of Transnational Regimes in the Double Fragmentation of World Society. *In*: YOUNG, Margaret A. (ed.). *Regime Interaction in International Law*: Facing Fragmentation. Cambridge: Cambridge University Press, 2012.

[56] É importante notar o fato de que, nessa literatura, o conceito de Direito que emerge não é aquele que eu adotei como referência.

Talvez seja até desnecessário dizer que essa literatura não esposa necessariamente a mesma concepção de Direito que veio sendo apresentada por nós como sendo necessária, ou ao menos útil. A questão da validade ou da obrigatoriedade não aparece ali como central ou relevante. Ainda que em algum momento essa literatura conceda que o Direito Nacional não deixa de existir e operar e que o Direito que tem por campo de aplicação territórios dados continua igualmente a existir, a ênfase é posta na emergência de um Direito diferente e na transformação do jurídico.

Já tive a oportunidade de expressar críticas a essa literatura por conta do que percebi como falhas metodológicas, especialmente relacionadas à conceituação do que ali se chama de *regimes* de um Direito Global.[57] Para nossos propósitos aqui, interessa admitir, por um lado, que novas normatividades possam surgir, e surgem de fato, em torno de temas específicos, e que esse surgimento possa depender, e dependa de fato, de saberes compartilhados no seio de comunidades de saber ou de interesses comuns.

Isso não quer necessariamente dizer que se está de acordo com a tese da transformação do Direito, de territorial para setorial. Significa apenas que a especialização é uma tendência crescente tanto no universo do jurídico quanto do normativo (para além do Direito, portanto). E significa que os aspectos territorial e setorial da normatividade conhecerão interações cada vez mais complexas. Baste, por enquanto, apontar para o fato de que, ainda que uma norma, ou um regime, se pretenda voltada exclusivamente para aplicação em termos setoriais, ter-se-á que trabalhar os termos de sua incidência em termos territoriais, pelo simples fato de que não há relações sociais que se deem sem qualquer conexão com os territórios ou com os Estados.

Um acordo parcial, portanto, com a asserção genérica de uma transformação do Direito conduzida pela especialização setorial, funcional, é possível.

Já a outra transformação apontada, a do normativo em direção ao cognitivo, não nos parece sequer compreensível. Que algum conhecimento, ainda que falho, ainda que falso, orienta a criação normativa, é um fato indiscutível. Que a transformação do mundo, no sentido da diferenciação

[57] A noção de regimes foi objeto de extensa análise em: NASSER, Salem Hikmat. Direito Global em pedaços: fragmentação, regimes e pluralismo. *Revista de Direito Internacional*, v. 12, p. 98-126, 2015.

funcional, demanda uma maior e melhor relação com saberes específicos, talvez domínio de comunidades de saber particulares, é um argumento plausível e talvez até mesmo necessário.

Já a afirmação de que o Direito pode deixar de ser normativo, para ser apenas cognitivo ou qualquer outra coisa, parece-nos pertencer ao mundo do absurdo ou do impossível. Que o normativo possa não ser jurídico é um fato da vida; desde sempre a humanidade conheceu normas, sociais, religiosas, éticas, que prescreviam comportamentos e organizavam as relações sociais sem que fossem normas juridicamente obrigatórias e válidas. De fato, nunca na vida do Direito ele pôde pretender a uma regulação exclusiva da vida.

Ainda que a concepção do Direito sustentada por essa literatura seja ou possa ser outra, a ideia de que ele possa ser algo não normativo nos parece uma impossibilidade, porque precisaríamos aceitar que o Direito faça outra coisa que não prescrever comportamentos e regular relações, que ele seja constituído de outra matéria que não prescrições. Por maior que seja a dose de saberes especiais e por mais espontânea que seja a observância das normas, por mais que a produção normativa se faça fora do Estado, por mais que o seu campo de aplicação seja o setor de relações e não o território, como se pode dizer que as recomendações, padrões, regulamentos, códigos de conduta, mecanismos de solução de controvérsias, instituições de fiscalização, etc. são algo que não normativo? Aliás, como conceber a descrição dessas coisas, sem usar a palavra norma ou normatividade, como fizemos na frase anterior?

Ignoremos então essa ideia de um Direito – concebido de qualquer modo que se queira – que não seja normativo. Fiquemos com a parte da ideia relacionada à especialização que nos pareceu verdadeira. Nosso viajante, então, percebeu a multiplicação de normas que não pertencem a sistemas jurídicos nacionais ou ao internacional e percebeu também uma tendência à especialização dessas normas, ou seja, percebeu que um modo de tentar entender os agregados de normas que enxerga espalhados por esse firmamento que tem diante de si é o da especialização setorial das sociedades, ou da sociedade global, se assim quisermos, que leva à produção de normas em torno de temas e problemas específicos.

Lembremo-nos, no entanto, que antes disso ele já tinha percebido o movimento em direção à especialização setorial que acometia os próprios sistemas jurídicos. Ele viu isso quando observou o fenômeno duplo da expansão e da fragmentação do Direito Internacional. E, se tiver prestado atenção, talvez tenha visto algo parecido nos sistemas jurídicos nacionais.

A diferenciação funcional da vida não leva apenas à produção de normas fora dos sistemas, por atores outros que não os Estados; ela leva também à produção de normas especializadas no seio dos sistemas e pelos mesmos autores do Direito Estatal e do Direito Internacional. Essas normas especializadas dos sistemas jurídicos continuam a operar segundo a organização e o funcionamento do sistema. Não é isso, portanto, que chama a atenção de nosso observador, uma vez que agora ele está olhando para o que está fora desses sistemas.

Ao tentar se valer do critério temático ou setorial para compreender, identificar e diferenciar os agregados normativos que enxerga, o nosso viajante percebe um fato que impõe imensa dificuldade: afinal, quantos temas ou setores especializados é possível conceber? Como estabelecer fronteiras entre um tema e o próximo? Como estabelecer o que pertence a um universo de preocupações e não a outro? Como conceber temas ou setores que constituam todos significativos e compreensíveis, ou seja, que não sejam amplos de modo a contrariar a ideia de especialização e de saberes específicos?

É comum a menção, na literatura sobre fragmentação e sobre diferenciação funcional, a temas, maiores e menores, tais como medicina, economia, meio ambiente, comércio, internet ou o mundo cibernético, construção civil, propriedade intelectual, etc. Se a lista parece um pouco aleatória, desprovida de algum elemento que dê homogeneidade ao conjunto, é porque ela o é mesmo. Uma outra possível conteria segurança alimentar, alimentos orgânicos, governança corporativa, desflorestamento, poluição, direitos humanos, condições de trabalho, mudanças climáticas, etc. Sobre essa segunda lista e sobre muitas outras que poderiam ser produzidas é possível dizer as mesmas coisas. Que não há homogeneidade, ainda que, querendo, se possa produzir listas de temas relacionados ao meio ambiente, por exemplo, ou aos direitos humanos, e assim por diante. Mas, sobretudo, ainda que se produzisse alguma homogeneidade maior, seria necessário, ainda, perguntar onde estariam os limites entre, por exemplo, os temas, ou os setores, de mudanças climáticas, de desflorestamento, de desertificação, de poluição, de modos de produção industrial, de técnicas agropecuárias, etc.

Alguém poderia dizer que há um quê de inútil nessa busca das fronteiras entre temas e dos contornos de setores funcionais; que nada na literatura sobre a diferenciação funcional promete ou anuncia tais delimitações, ainda que fossem imprecisas.

E, na verdade, não se trata de uma cobrança de minha parte, nem se trata de um lamento, mas antes de uma constatação: constata-se, junto com nosso viajante pelo universo das normas, que é mais fácil falar, em termos genéricos, da tendência à especialização das normas e de sua produção em torno de saberes específicos por quem os detém do que identificar e diferenciar os conjuntos normativos assim produzidos. Isso é uma dificuldade para quem está tentando compreender o funcionamento das normas nesse universo complexo.

Ainda que a diferenciação seja possível apenas de modo genérico entre os conjuntos normativos, quando se usa o critério temático ou setorial, e que os conjuntos só possam ser concebidos de modo mais ou menos abstrato, é comum fazer referência a esses regimes temáticos que comporiam o Direito Global.[58]

Como já mencionado, tive a oportunidade de tecer críticas metodológicas ao texto referencial no debate sobre tais regimes. Talvez este seja o momento apropriado para esclarecer que a crítica dizia respeito à conceituação de regime apresentada. Tratava-se, na verdade, de uma definição tomada de empréstimo do trabalho da Comissão de Direito Internacional sobre a fragmentação dessa ordem jurídica. Ora, a definição ali encontrada dizia respeito a partes especializadas de um ordenamento jurídico unitário e coeso; ela não poderia servir para a descrição de conjuntos normativos cuja característica central era justamente a ausência de um tal pertencimento.

A fluidez é, então, uma marca desses regimes. Na medida em que busca compreendê-los, nosso observador percebe que usar o tema ou o setor como guia e critério de organização dos agregados normativos é um

[58] Fisher-Lescano e Teubner apresentam uma concepção de regime ancorada na teoria social, cf. FISHER-LESCANO, Andreas; TEUBNER, Gunther. Regime-Collisions? The Vain Search for Legal Unity in the Fragmentation of Global Law. *Michigan Journal of International Law*, v. 25, p. 999-1046, 2004. Para análise e crítica sobre tal concepção, cf. NASSER, Salem Hikmat. Direito Global em pedaços: fragmentação, regimes e pluralismo. *Revista de Direito Internacional*, v. 12, 2015, p. 103-105.

convite a, primeiro, delimitar o tema ou o setor e apenas então identificar as normas a eles relacionadas – assim como as instituições, se houver. Como dito, isso se revela difícil e ele percebe então que terá regimes diferentes segundo queira pensar um universo temático maior ou menor, segundo queira incluir ou excluir coisas dele. Ou seja, ele percebe que o regime é uma construção que depende dele ou de qualquer outro observador. O único limitador para essa atividade criativa será o do absurdo, ou seja, será o momento em que se queira incluir algo que claramente não pode ter qualquer relação com a temática definida ou nomeada.

Se, no entanto, o observador inverter a sua posição e quiser diferenciar de modo mais preciso os aglomerados normativos, ainda usando o tema ou o setor como critérios, mas buscando outros subsídios nas normas e nas instituições relacionadas a eles, ele poderá perceber características comuns ou, ao contrário, diferenciadoras. Uma dessas características é a da autoria.

Um modo bem genérico de compreender a autoria é distinguir entre, essencialmente, três autores: os Estados, os entes não estatais – ou privados, se quisermos – e os entes híbridos – compostos por Estados e entes privados. Atenção, ainda não voltamos ao universo das normas jurídicas, pertencentes aos sistemas nacionais ou ao Direito Internacional. Aqui o Estado aparece porque também ele pode produzir normatividade não jurídica, não válida, não obrigatória. Também ele pode produzir *soft law*, se quisermos nos valer da expressão.[59]

Aqui também o observador notará que, dependendo de como recorta o seu tema ou o seu setor, é provável que ele encontre, em torno do mesmo universo temático, normas produzidas por autores diferentes, Estados, privados e híbridos. No entanto, ele tem a opção de distinguir entre regimes ou partes de regimes valendo-se da classificação pela autoria.

Acontece, no entanto, que quando se fala de uma autoria genérica, por um desses três tipos de entes, não se está necessariamente dizendo que apenas um Estado é o autor, ou apenas um ente privado, ou apenas um ente híbrido. Um mesmo tema pode reunir em torno de si normas não jurídicas produzidas por vários Estados, de modo concertado, produzidas por um ou mais Estados, cada um de modo individual, produzidas por mais

[59] E é essencialmente desse tipo que trato no livro. Cf. NASSER, Salem Hikmat. *Fontes e normas do Direito Internacional*: um estudo sobre a *Soft Law*. 2. ed. São Paulo: Atlas, 2006.

de um ente privado, concertada ou independentemente, e o mesmo para mais de um ente híbrido.

O nosso observador percebe, portanto, que mesmo secundando o critério temático ou setorial com aquele da autoria, não fica resolvida de modo definitivo a questão da diferenciação entre conjuntos normativos quando já não se trata de distinguir entre sistemas jurídicos nacionais e/ou o internacional e o comunitário. Isso não quer dizer que não se tenha avançado em nada; quer apenas dizer que mais aspectos da inerente complexidade foram identificados.

Para além da autoria, é preciso ainda voltar-se para a linguagem das normas e das instituições, quando existem, para saber em que medida elas pretendem sustentar relações significativas entre si, em que medida dialogam de modo intencional, expresso, como partes de um todo distinto.

Quando se faz isso, percebe-se que as unidades significativas são muito menores e muito mais específicas – um conjunto de recomendações ou padrões criados por um ente, talvez acompanhado de um órgão de fiscalização, por exemplo.

Mesmo que se queira preservar, por alguma razão, a concepção dos grandes regimes temáticos abstratos, ainda assim ter-se-á que reconhecer que são constituídos por esse número ainda mais incontável de pequenos conjuntos ou sistemas normativos com pretensão a alguma coerência interna e diálogo entre suas normas.

Mais uma vez, não se trata aqui de afastar ou adotar esta ou aquela definição de regime; na verdade, poder-se-ia até dispensar o termo, e a discussão continuaria inteira e a mesma. Trata-se de, querendo entender a existência e a operação das normas dentro de um todo imensamente complexo, ter que necessariamente perceber o critério temático e suas limitações, o critério da autoria e suas limitações, e, ainda mais importante, perceber que as normas e as instituições são produzidas de modo pulverizado, por vários atores, com base em preocupações diversas, e que essas normas conversam entre si em conjuntos menores determinados pela linguagem comum e pelas relações significativas desenhadas pelos autores. As relações entre esses pequenos sistemas normativos, ou regimes entendidos desse modo mais restrito em termos de autoria e institucionalização, serão as mais variáveis, mas classificáveis em duas grandes categorias: a de diálogo ou colaboração, por um lado, especialmente quando lidam com preocupações ou temas comuns ou próximos; e a de possível choque e fricção, por outro lado, o que pode ocorrer quando se trata de temas ou setores diversos que chegam a se tocar, mas também é possível no seio do mesmo universo temático ou setorial.

Ao mundo normativo composto por uma pluralidade de sistemas jurídicos, nosso observador pode agora contrapor um outro mundo de normas, no qual estas constituem regimes, difícil, mas tentativamente, estruturados em torno de temas, decorrentes de autorias diversas e constituindo relações significativas entre conjuntos menores de normas. No seio desse segundo mundo normativo, a segunda parte daquele firmamento inicial, ele observa também as inúmeras relações que os regimes, entendidos de modo amplo ou restrito, têm entre si.

E agora, finalmente, ele pode enxergar que essas duas partes componentes do universo normativo que vem explorando não vivem separadas, mas incidem sobre o mundo e sobre as relações sociais de modo combinado, incidem sobre os temas e os setores de modo combinado, entram em diálogo e cooperação e também se chocam.

Se tomarmos mais uma vez o tema ou o setor como critério ou fio condutor para a identificação dos aglomerados normativos, o que se poderá ver, especialmente se optarmos por temas concebidos de modo amplo, é que muitas vezes, em torno do problema, em torno daquela temática, reúnem-se normas que pertencem a sistemas jurídicos nacionais, outras que pertencem ao Direito Internacional, e outras que não pertencem nem a um tipo de sistema nem ao outro, produzidas por autores diversos e em circunstâncias múltiplas.

Em inúmeras ocasiões, portanto, o Direito e o não Direito incidirão conjuntamente sobre setores ou sobre temas objeto de regulação. Essas ocasiões forçarão o nosso viajante, e também qualquer outro observador, a perceber as relações que se podem estabelecer entre esses dois universos, entre as normas, diversas, de um deles e aquelas, também diversas, do outro. Convidarão, na verdade, a um esforço de decifração dessas relações.

Não há modo de antecipar, quando se escolhe ou delimita um tema ou um setor, se, e quais, normas jurídicas e não jurídicas incidirão sobre o mesmo. Essa será sempre uma descoberta *a posteriori*. Tampouco se pode saber de antemão, ou mapear e decifrar as relações entre as normas, se de cooperação, de choque, de empréstimo, de referência, de competição, etc. Isso só se poderá ser feito, e com certo esforço, em relação a cada caso concreto.

Cada caso concreto, na construção acima, ainda significa um todo razoavelmente amplo, porque ainda se está falando de um tema ou de um setor, de um regime, portanto, se considerarmos que esse é o nome dado ao conjunto normativo e institucional que se aglomera em torno dessas coisas.

Entretanto, fazer o mapeamento de relações e de interações normativas em relação a esses todos ainda amplos, além de ser um esforço a ser empreendido no caso a caso, e além de ser uma tarefa árdua, talvez seja ainda um esforço de poucas consequências práticas ou de pouca utilidade. A própria percepção, abstrata, da possibilidade dessas múltiplas relações, talvez baste como saber útil.

Quando, no entanto, se está diante de uma situação concreta, uma relação entre atores sociais, um conflito, uma controvérsia, que tenham conexão com temas ou setores específicos, sobre os quais incidem ou podem incidir normas – jurídicas e não jurídicas, apenas não jurídicas, provenientes de mais de uma fonte, etc. –, a tarefa de mapeamento e de decifração das interações normativas é uma necessidade, pelo simples fato de que sem isso não se saberá como está *efetivamente regulada* a situação ou o caso.

Mais uma vez, não se pode fazer esse exercício de antemão. Só diante do caso concreto, instalado, a tarefa pode ser empreendida. E, potencialmente, cada situação será única, diferente de todas as demais. Pode-se antever a dimensão do desafio.

Aqui faz sentido recuperar uma discussão, uma distinção, que foi esboçada antes, quando se falou da diferença entre validade e aplicabilidade a uma situação concreta, diante de um tribunal, por exemplo, de determinada norma do Direito Internacional. Ali se distinguiu entre a validade das normas em si, a validade da norma para um Estado dado e a aplicabilidade dessa norma em uma controvérsia diante de um tribunal – dependente, esta última, da competência material dada pelos Estados à instituição.

Agora essa discussão se desdobra e se transforma, na medida em que, como dito, sobre o caso concreto incidem ou podem incidir normas não jurídicas, em combinação ou não com outras normas que sejam, estas sim, jurídicas.

Há uma distinção possível entre normas que se referem a, ou incidem sobre, se quisermos, um tema ou setor social específico – que nós ou um observador qualquer teremos delimitado; aquelas que, dentre as primeiras, são jurídicas e *valem* e vinculam um ou vários dos atores envolvidos na situação; aquelas que, valendo ou não, obrigando ou não, são aplicáveis àquela situação específica.

Quando, diante de um caso concreto, se distingue entre essas várias categorias de normas e se percebe quais as que devem atuar em relação àquela situação, aí sim se poderá começar a perceber uma manifestação, dentre as inúmeras possíveis, de modalidades de relação entre normas, jurídicas e não jurídicas, de sistemas jurídicos nacionais e talvez o internacional, de regulação privada, de normas produzidas por entes híbridos vários, etc.

10.
UMA ADMINISTRAÇÃO GLOBAL?

Agora que nosso viajante se aproxima do final da sua jornada por aquele universo que de início se oferecia a ele como um firmamento de pontos brilhantes indistintos; agora que ele já percebeu as formações, as constelações normativas que se estruturam em ordenamentos jurídicos, de pelo menos três tipos; agora que conheceu o Direito Internacional, sua especificidade e sua expansão e fragmentação, e que passou também pela compreensão do Direito Comunitário; agora que conheceu a diversidade de tradições jurídicas; agora que percebeu e decifrou em alguma medida as relações entre sistemas jurídicos, entre sistemas e tradições, entre sistemas jurídicos e normas não jurídicas; agora que passou pela percepção da riqueza do fenômeno normativo não jurídico em dimensão global e que tentou perceber modos de organização dessas normas em torno de temas e de acordo com a autoria; depois de tudo isso, e tendo agora diante de si a totalidade do fenômeno normativo – unindo o jurídico e o não jurídico, e antes de se retirar, nosso viajante percebe ainda uma característica da produção normativa global que merece sua atenção.

Ele percebe aquilo que uma literatura muito influente no âmbito da normatividade internacional e global chama de a constituição de um espaço administrativo global, de ações administrativas globais, que, por sua vez, demandariam a emergência de um Direito Administrativo Global.[60]

[60] KINGSBURY, Benedict; KRISCH, Nico; STEWART, Richard B. The Emergence of Global Administrative Law. *Law and Contemporary Problems*, v. 68, 2005. Esse é o texto referencial de que toda a discussão subsequente se vale.

Essencialmente, esse Direito Administrativo Global[61] seria chamado a prover mecanismos de transparência, de responsividade – *accountability* – para a atuação desses administradores globais múltiplos. Nosso observador nota que, segundo se depreende dessa literatura, a realidade de um espaço administrativo global e de uma multiplicidade de administradores é algo já instalado, atual, enquanto o Direito Administrativo Global seria ainda

[61] WIENER, Jonathan B. Global Governance as Administration-National and Transnational Approaches to Global Administrative law. *Law and Contemporary Problems*, v. 68, n. 3-4, p. 1-13, 2005; CASSESE, Sabino. *Global Administrative Law*: Cases, Materials, Issues. New York University School of Law, 2008; CASSESE, Sabino. *Global Administrative Law*: An Introduction. Anais da IIJL Conference. 2005; CHESTERMAN, Simon. *Global Administrative Law*. Working Paper for the S.T. Lee Project on Global Governance, 2009. Disponível em: http://www.ssrn. com/abstract=1435170. Acesso em 16 jul. 2021; CORDER, H. *Globalization, National Democratic Institutions and the Impact of Global Regulatory Governance on Developing Countries*. Acta Juridica, v. 9, p. 68-89, 2009; ESTY, Daniel C. Good Governance at the Supranational Scale: Globalizing Administrative Law. *The Yale Law Journal*, v. 115, n. 7, p. 1490-1562, 2011; HARLOW, Carol. Global Administrative Law: The Quest for Principles and Values. *European Journal of International Law*, v. 17, n. 1, p. 187-214, 2006; KINGSBURY, Benedict. The Concept of "Law" in Global Administrative Law. *European Journal of International Law*, v. 20, n. 1, p. 23-57, 2009; KINGSBURY, Benedict. Co-Option and Resistance: Two Faces of Global Administrative Law. *New York University Journal of International Law and Politics*, v. 38, p. 799-827, 2005; KOCH, Charles H Jr. Globalization of Administrative and Regulatory Practice. *Administrative Law Review*, v. 54, n. 1, p. 409-414, 2002; KRISCH, Nico. Introduction: Global Governance and Global Administrative Law in the International Legal Order. *European Journal of International Law*, v. 17, n. 1, p. 1-13, 2006a; KRISCH, Nico. The Pluralism of Global Administrative Law. *European Journal of International Law*, v. 17, n. 1, p. 247-278, 2006b; KRISCH, Nico. Global Administrative Law and the Constitutional Ambition. *Law, Society Economy Working Papers*, 2009. Disponível em: http://www.lse.ac.uk/collections/law/wps/WPS2009-10_Krisch.pdf; KUO, Ming-Sung. The Concept of "Law" in Global Administrative Law: A Reply to Benedict Kingsbury. *European Journal of International Law*, v. 20, n. 4, p. 997-1004, 2010; MARKS, Susan. Naming Global Administrative Law. *New York Journal of International Law and Politics*, v. 95, p. 995-1002, 2005; MCLEAN, Janet. Divergent Conceptions of the State: Implications for Global Administrative Law. *Law and Contemporary Problems*, v. 68, n. 3, p. 167-187, 2005; BADIN, Michelle Ratton Sanchez. The Global Administrative Law Project: A Review from Brazil. *Artigos Direito GV*, v. 38, p. 1-14, 2009; SCHMIDT-ASSMAN, B. Eberhard. The Internationalization of Administrative Relations as a Challenge for Administrative Law Scholarship. *German Law Journal*, v. 9, n. 11, 2006; SHAPIRO, Martin. Administrative Law Unbounded: Reflections on Government and Governance. *Indiana Journal of Legal Studies*, v. 8, n. 2, p. 369-377, 2001.

emergente e dificilmente identificável. O objeto central é, portanto, ainda um objeto nascente.

Contudo, o que atrai a atenção justamente de nosso viajante é aquilo que já estaria instalado. Ele tenta compreender o seguinte trecho:

> In proposing such a definition [aquela de Direito Administrativo Global], we are also proposing that much of global governance can be understood and analyzed as administrative action: rulemaking, administrative adjudication between competing interests and other forms of regulatory and administrative decision and management.[62]

Imediatamente, a primeira e mais impactante das informações contidas ali, aquela que, na verdade, joga uma luz totalmente nova sobre o universo de normas que se está explorando, é esta: há, na governança global, e em grande quantidade, algo que merece o nome de ação administrativa. Isso faz emergir uma imagem surpreendente: será que existiria, então, uma espécie de *poder executivo* global?

Essa imagem aparece porque, afinal, nas sociedades nacionais, ações administrativas são aquelas que têm como autor – ou autores – o governo, entendido como o braço executivo do Estado, por oposição ao legislativo e ao jurisdicional, ou os governos subnacionais, igualmente poderes executivos. Assim, na esfera interna, a produção de normas, a solução de controvérsias ou aplicação de normas e "outras formas de mecanismos de tomada de decisão e gerenciamento e de regulação" são atividades identificadas como administrativas porque têm como autor o poder executivo.

Uma boa pista de que é esse o tipo de paralelo que se está buscando é a frequência com que é feita referência a "regulação" e "regulatório". Considerando a procedência norte-americana da literatura que afirma a prevalência talvez da ação administrativa na governança global, vale a pena conhecer o sentido que *regulation* tem ali. Descobre-se rapidamente que se trata de um tipo de norma criada pelo poder executivo ou por quem receba uma delegação de competência, regulatória, desse poder. No nosso

[62] KINGSBURY, Benedict; KRISCH, Nico; STEWART, Richard. The Emergence of Global Administrative Law. *Law and Contemporary Problems*, v. 68, 2005, p. 17.

sistema, normalmente isso se chamaria "regulamento", ainda que hoje haja a tendência de usar o termo inglês aportuguesado.[63]

A primeira e, como dito, a mais impactante, das informações tiradas da citação tem ainda uma dimensão muito importante: além de desafiar o nosso viajante com a forma que poderia ter um executivo global – necessariamente descentralizado e múltiplo –, ela lhe impõe uma reviravolta na percepção que até ali ele vinha construindo sobre o universo normativo. Até o estágio anterior, o nosso viajante vinha construindo uma imagem em que o Direito, aquele contido nos sistemas jurídicos, nacional, internacional, comunitário, sofria uma competição crescente dos produtores de outros tipos de normatividade, ou seja, de outros *legisladores*. Esses outros possíveis legisladores seriam produtores de outras normas que não jurídicas ou, alternativamente, de um Direito diferentemente concebido e definido. Já agora ele está sendo convidado a ver muito – ainda que ninguém lhe diga exatamente quanto – daquela atividade de produção normativa e de aplicação de normas que ele vinha percebendo como sendo ação administrativa e não legislativa ou judiciária. E isso não se restringe ao que ele vinha vendo *fora dos sistemas jurídicos*. Porque o que é dito é que "muito da governança global" é ação administrativa, e a governança global inclui coisas que os Estados fazem, individualmente ou coletivamente, inclusive quando atuam de acordo com o seu Direito Interno ou com o Direito Internacional.

E, de fato, a literatura indica como produtores das ações administrativas, ou melhor, como tipos da administração global: i) o da administração propriamente internacional realizada pelas instâncias criadas por Direito Internacional – um exemplo seria o da atuação do Conselho de Segurança das Nações Unidas; ii) o da administração operada por redes transnacionais e arranjos de coordenação entre Estados ou entes estatais – o exemplo aqui usado é o do Comitê da Basileia que, por meio de regulação de implementação voluntária, organiza as atividades do setor bancário; iii) o da atuação administrativa distribuída, ou seja, operada pelos reguladores nacionais e com efeitos cumulativos e possivelmente extraterritoriais; iv) o produzido por arranjos híbridos em que participam entes estatais e privados – um

[63] Sobre a tradução e o sentido de *regulation* para o português, cf. NASSER, Salem Hikmat. Direito Global em pedaços: fragmentação, regimes e pluralismo. *Revista de Direito Internacional*, v. 12, 2015, p. 127.

exemplo é o Codex Alimentarius; v) finalmente, o da ação administrativa operada pelos entes privados diretamente – um exemplo é o do ISO.[64]

A ideia forte, que se coloca como um desafio e como uma possível grande novidade, é a que representa não só uma competição entre Direito e *soft law*, mas mostra uma evolução do ordenamento normativo do mundo em direção a um governo global – ainda que pulverizado, o que pode ser ainda mais desafiador, se não perigoso – e a uma prevalência das atividades executivas em detrimento das legislativas e das jurisdicionais.

Se restringirmos o cotejamento dessas atividades apenas com o Direito Internacional Público talvez apareça como mais factível a distinção entre os tipos de atividades: por exemplo, decisões do Conselho de Segurança, impondo sanções a determinadas pessoas, não podem ser confundidas com a elaboração de um tratado ou com uma sentença de um tribunal internacional.

Porém, como exatamente se pode distinguir entre normas ou mecanismos criados por um ente privado que sejam administrativas de outras que não teriam essa qualificação? Será que tudo que fazem os vários produtores de ação administrativa global e que não seja parte dos Direitos Nacionais ou do Direito Internacional é, justamente, ação administrativa? Essa é uma grande pergunta, que fica suspensa e que faz com que nosso observador se questione sobre o lugar relativo do Direito e da *administração* nisso que se chamou de governança global.

[64] KINGSBURY, Benedict; KRISCH, Nico; STEWART, Richard A. The Emergence of Global Administrative Law. *Law and Contemporary Problems*, v. 68, 2005.

11. ILUSTRAÇÕES: UMA ESPIADA NO INFINITO DO REAL

A realidade tem uma imaginação invejável! Quando tentamos inventar as situações fictícias que nos serviriam para revelar o jogo das normas e das instituições, a sua incidência sobre a vida, produzimos, normalmente, caricaturas do real que deixam entrever com facilidade o artifício, tão penoso como frustrante.

No entanto, em contrapartida, a diversidade do real é infinita e abarcar todas as suas possibilidades é uma tarefa que não se pode empreender. Só o que se pode fazer é olhar para um pedaço – um conjunto de fatos, de situações, de conexões, de problemas – de cada vez.

O argumento, ou o quadro, que este livro pretende apresentar se resume em uma dicotomia: a diversidade do fenômeno normativo e a multiplicidade de conexões entre normas e conjuntos normativos. Quis-se, como foi dito antes, explicar esse duplo fenômeno oferecendo um esquema, uma arquitetura a ser conhecida no passo a passo de uma viagem.

Também os esquemas que concebemos podem ser tachados de artificiais, reducionistas. Se, no entanto, como se quis fazer aqui, a arquitetura apresentada não pretende compreender, conter, todo o real, mas sim oferecer uma chave de explicação e de navegação deste, não cabe a acusação.

A chave que explica e que se quer aplicar ao real precisa, a um só tempo, ser complementada pelo real e ser testada em relação a esse mesmo real.

É por isso que aqui se optou por apresentar algumas poucas situações, tiradas das relações que atravessam as fronteiras ou pairam sobre elas, e por qualificá-las como ilustrações: elas servem para mostrar que o esquema não pode tudo (não pode cobrir a totalidade da imaginação que tem o mundo concreto), mas que é, sim, uma boa ferramenta para navegar um mar infinito de possibilidades.

11.1. Caso Kiobel

Em abril de 2013, a Suprema Corte dos Estados Unidos decidiu um caso de grande interesse e razoável repercussão. Tratava-se do caso Kiobel e outros contra a Royal Dutch Petroleum e outros.[65]

Como se sabe, a Suprema Corte americana tem uma competência que é amplamente discricionária e, por isso, decide apenas alguns casos selecionados. Quando resolve que deve apreciar um caso qualquer, diz-se que concedeu o *writ of certiorari*. A decisão no caso Kiobel é uma dessas. Antes disso, no entanto, um longo caminho foi percorrido.

Um grupo de cidadãos nigerianos, originariamente residentes de uma área do delta do rio Niger, na Nigéria, entre eles uma senhora Kiobel, vindo todos eles a residir nos Estados Unidos, entram com uma ação nos tribunais federais americanos contra a Royal Dutch Petroleum e outras empresas. A acusação que levantavam contra as empresas era a de cumplicidade com o governo nigeriano na violação do Direito Internacional (Direito das Nações ou, na expressão da legislação americana que será invocada, *law of nations*). Eles pediam indenização pelos danos sofridos.

A ação tinha sido impetrada com base em uma lei americana de 1789, o *Alien Tort Statute* (ATS), que permite aos tribunais federais reconhecer ações privadas, impetradas por cidadãos estrangeiros, com base em violações do Direito das Nações.

Na primeira instância, alguns dos pedidos foram recusados por, segundo o tribunal, não constituírem violações do Direito Internacional. Outros pedidos foram admitidos como cabíveis. Ali, centrou-se a decisão na qualificação do que seria e do que não seria uma violação do Direito Internacional, para os propósitos da legislação americana.

[65] ESTADOS UNIDOS DA AMÉRICA. Supreme Court. KIOBEL, individually and on behalf of her late husband KIOBEL *et al.* *v.* ROYAL DUTCH PETROLEUM CO. *et al.* Washington D.C., 17 de abril de 2013. October Term 2012 (Slip Opinion), 2012-2013.

Já na segunda instância, os pedidos foram denegados na íntegra, com base no argumento de que não se podia aceitar que empresas pudessem violar as normas do Direito Internacional. O argumento poderia fazer pensar, de início, que só os Estados poderiam violar as normas que, de acordo com o próprio Direito Internacional, são dirigidas aos seus comportamentos. Contudo, o contexto em que a norma teria sido editada e também os exemplos de sua aplicação em algumas poucas situações fazem perceber que, na verdade, o que se tinha em mente, era a violação por pessoas privadas. A restrição invocada pela segunda instância parece reduzir a condição de agente das violações aos indivíduos.

O exemplo que ilustrava isso mais claramente era o caso de um ataque, por parte de um indivíduo, a um diplomata estrangeiro, o qual poderia, portanto, acionar aquele indivíduo e pedir indenização.

Que não se tivesse em mente o Estado é ainda comprovado pelo conhecimento que se tem da norma de Direito Internacional, que garante aos Estados a imunidade de jurisdição e de execução perante os tribunais de outros Estados. Assim, o ATS não faria muito sentido ou não viria a ser aplicado caso se estivesse tratando de acionar outros países.

Enquanto as duas instâncias inferiores tenderam a lidar com a questão olhando para a natureza das violações ou para os seus agentes, a Suprema Corte decidiu considerar o ATS como um instrumento que dizia respeito à determinação da competência de tribunais americanos e não como regras que dissessem respeito às causas para a ação.

Tendo tomado esse caminho, a Corte precisava então resolver se aquela norma de competência tinha sido pensada como de aplicação extraterritorial. Com efeito, todos os exemplos prévios de sua aplicação diziam respeito a atos praticados nos Estados Unidos. Admitia-se também a possibilidade de sua aplicação em casos de pirataria, que se dão em alto-mar. Todavia, será que se poderia admitir a competência dos tribunais americanos para as violações do Direito Internacional que tivessem ocorrido em outros países?

A Suprema Corte decidiu pela negativa e, no caminho para essa decisão, fez muitas e detalhadas discussões que não se pode abranger aqui.

O que nos interessa é perceber que se trata de um caso de relação, primeiramente, entre sistemas jurídicos nacionais. Trata-se com efeito, de uma causa de natureza privada, um pedido de indenização, conectado a mais de uma ordem jurídica – Estados Unidos e Nigéria. Os tribunais americanos precisam decidir se têm competência para julgar o caso, uma pergunta típica do Direito Internacional Privado.

Em seguida, trata-se de um caso interessante de relação entre o Direito Interno americano e o Direito Internacional Público. E isso porque aquela norma de competência, destinada a resolver casos de indenização por atos ilícitos em que o demandante seja um nacional estrangeiro, tinha em mente violações do Direito Internacional como sendo as causas da ação.

Finalmente, a discussão na Suprema Corte aponta para as circunstâncias em que a legislação americana poderá ser concebida como tendo efeitos extraterritoriais, ou seja, aplicar-se a situações e pessoas para além das fronteiras dos Estados Unidos, assim como discute a possibilidade de a ação dos tribunais americanos ter esse efeito.

A extraterritorialidade é um dos temas que se deve considerar quando se pensam as relações entre ordens jurídicas nacionais, ou melhor, quando se pensa o campo de incidência ou de aplicação territorial das normas nacionais. Este é um dos aspectos do que se poderia chamar de Direito Global, em um dos sentidos que demos à expressão no começo do nosso percurso, que terá escapado ao olhar atento do nosso viajante e que, portanto, deverá ser o objeto de novas jornadas pelo firmamento de normas.

11.2. Caso Kadi e Barakaat

Em outubro de 1999, o Conselho de Segurança das Nações Unidas aprovou uma resolução[66] que, entre outras coisas, estabeleceu sanções contra o Taleban e a Alqaeda. Instituiu também um comitê, composto por representantes dos membros do Conselho, que seria responsável por estabelecer as listas de pessoas submetidas às sanções e também pela revisão delas.

Esse trabalho de ditar sanções e fazer listas de pessoas a quem elas se impõem constitui um exemplo típico daquilo que se discutiu antes como "ação administrativa global", nesse caso, realizada por um órgão de uma organização criada pelo Direito Internacional.

Diante disso, o Conselho da União Europeia, considerando que era necessário tomar ações para implementar aquelas sanções no

[66] CONSELHO DE SEGURANÇA DA ONU. *Resolução S/RES/1267*, de 15 de outubro de 1999.

espaço comunitário, adotou um tipo de normativa chamada Posição Comum.[67]

Como se sabe, as resoluções do Conselho de Segurança são obrigatórias para os Estados membros da ONU e, portanto, seria de se esperar que fossem os Estados – europeus, neste caso – a tomarem as medidas necessárias para a implementação das sanções em seus territórios. A razão para que isso não se desse assim está naquilo que já foi discutido sobre a especificidade do Direito Comunitário, sobre a assunção pela União Europeia de competências que eram antes dos Estados. De todo modo, no processo de integração, as instituições comunitárias se preocupam, naturalmente, com a implementação harmônica das sanções em todos os seus Estados membros.

Entre outras razões para essa preocupação está a função dos órgãos comunitários de preservar as condições de competição econômica e comercial entre seus membros.

Seguiram-se então outras Resoluções do Conselho de Segurança e outras normativas comunitárias, Posições Comuns e Resoluções, em um processo gradual de ampliação e especificação das sanções e sua internalização no espaço comunitário. As sanções incluíam, notadamente, medidas de congelamento de bens e ativos e de proibição de viajar.

Em outubro e novembro de 2001, o Comitê de Sanções do Conselho de Segurança adicionou os nomes de Yasin Al-Qadi (em uma das grafias possíveis do nome) e da Barakaat International Foundation.

Kadi e a fundação Al Barakaat tiveram seus bens bloqueados no território do Reino Unido, em virtude de diversas Resoluções do Conselho da União, depois de seus nomes terem sido incluídos na lista do Comitê de Sanções.

Então, os dois iniciaram ações diante da Corte de Primeira Instância da Corte de Justiça Europeia e contra o Conselho e a Comissão da União Europeia, pedindo que as Resoluções fossem tidas como sem efeito em relação a eles.

Naquela primeira instância, os demandantes foram derrotados, na medida em que o tribunal decidiu não poder julgar a legalidade das Resoluções do Conselho de Segurança, o que implicaria afirmar a sua

[67] CONSELHO Europeu. *1999/727/CFSP*, Council Common Position of 15 November 1999 concerning restrictive measures against the Taliban, 1999.

posição hierárquica superior em relação àquele órgão da ONU. Dizia ainda o tribunal que só o poderia fazer se estivesse diante de um caso de violação do *jus cogens*, aquelas normas do Direito Internacional tidas como imperativas e inafastáveis. Do ponto de vista do Direito Internacional, essa diferenciação feita pelo tribunal, em relação aos casos que poderia julgar, não faz muito sentido.

O caso foi então levado ao Tribunal de Justiça, e é da decisão ali tomada que se tira esta descrição dos fatos e os elementos para a nossa discussão.[68]

A primeira vitória ali obtida pelos demandantes é a decisão, contrária ao argumento apresentado pelo Reino Unido, de que a legalidade de qualquer instrumento normativo comunitário, ainda que tenha por objeto a implementação de Resoluções do Conselho de Segurança, era tema sujeito à revisão da Corte de Justiça, e isso em virtude do próprio Direito Comunitário.

Em seguida, e em essência, o Tribunal decidiu, contrariamente ao que se tinha decidido na primeira instância, que não se tratava de julgar a legalidade das Resoluções do Conselho de Segurança, mas sim aquela das normativas comunitárias. Como a União seria um espaço de *rule of law*, não se poderia admitir que normas ali editadas estivessem fora do alcance do controle de legalidade exercido pelos tribunais.

Resolveu finalmente que, sim, havia na normativa comunitária a violação dos direitos fundamentais dos dois demandantes, direitos estes garantidos pelo Direito Comunitário e pelo que chama de Constituição da União Europeia.

As violações estavam consolidadas, entre outros, no fato de que os nomes foram incluídos na lista e seus bens bloqueados sem que eles tivessem tido qualquer possiblidade de defesa ou mesmo de conhecer o que se tinha contra eles.

Um dos aspectos mais interessantes dessa decisão, quando refere a violação dos direitos fundamentais previstos no Direito Constitucional Comunitário, está na invocação da Convenção Europeia de Direitos do Homem, produzida em 1950, pelo Conselho da Europa, uma organização

[68] UNIÃO EUROPEIA. Tribunal Europeu de Justiça (Tribunal Geral). *Casos C-402/05 P e C-415/05*, P. Yassin Abdullah Kadi and Al Barakaat International Foundation v Council of the European Union and Commission of the European Communities. Luxemburgo, 3 set. 2008. ECR I-6351, 2008.

internacional anterior e totalmente distinta da construção comunitária. A despeito dessa estraneidade, ainda assim a jurisprudência comunitária tem afirmado a incorporação dos direitos fundamentais incluídos na Convenção ao *corpus* constitucional – que existiria sem uma constituição formal – comunitário.

Esse caso concreto ilustra com grande riqueza algumas das relações discutidas por nós antes e outras concebidas como possíveis.

Primeiro, ilustra as relações entre sistemas jurídicos, neste caso, entre o Direito Internacional, o Direito Comunitário e o Direito Nacional – dos países membros da União Europeia. É uma relação complexa, inclusive porque cada um dos três se relaciona com os outros dois, por vezes de maneira interligada e por outras de modo independente. Percebe-se com interesse que, por exemplo, o Tribunal de Primeira Instância considerou estar diante de um caso em que se pedia que julgasse a legalidade das decisões do Conselho de Segurança, cruzando, portanto, as fronteiras entre ordenamentos. Por outro lado, o mesmo Tribunal pensava ser possível cruzar essas fronteiras quando se tratasse de violações do *jus cogens*, uma categoria de normas que é definida pelo próprio Direito Internacional, e não pelo Comunitário.

Em seguida, essa mesma natureza de relações é ilustrada pela necessidade de os sistemas jurídicos implementarem aquilo que é decidido como obrigatório pelo Conselho de Segurança, e isso por conta do comprometimento dos Estados com as normas que determinam esse poder do Conselho. O que aqui se adiciona, como nova camada de complexidade, é a necessidade que sente a União Europeia de harmonizar o modo como os seus Estados membros implementarão aquelas decisões, e o fato de fazer isso produzindo normas de um terceiro ordenamento que é o comunitário e que, assim, se encontra, neste caso, fazendo a conexão entre os outros dois.

Logo aparece um outro tipo de relação, aquela entre regimes do Direito Internacional, e aqui podemos ampliar ou restringir o número de regimes envolvidos. O Conselho de Segurança estaria no coração do que se poderia chamar de regime de paz e segurança internacionais. Preservar esses dois bens é sua função primária. Isso não quer dizer que, como discutido antes, não se possa delimitar o regime como mais amplo do que o sistema da ONU ou, ao contrário, restringi-lo justamente a esse esquema, do qual o Conselho é o centro. Quando, portanto, o Conselho institui as sanções e o Comitê de Sanções, ele está, em princípio, realizando as suas funções relacionadas à paz e à segurança.

Vimos que, no caso concreto, ainda que pela intermediação do Direito Comunitário, havia um encontro, um potencial conflito, entre os objetivos e a operação de um regime de paz e segurança, e aquele outro regime, dos direitos humanos.

Ainda, se quiséssemos considerar que o Direito Comunitário é, ele mesmo, um regime do Direito Internacional, veríamos um tipo especial de contato entre regimes, comunitário, paz e segurança e direitos humanos. Outro aspecto muito interessante e novo apresentado pelo caso é aquele de uma espécie de incorporação, pelo Direito Comunitário, de um pedaço de um regime dos direitos humanos. Digo pedaço porque ele incorpora o sistema europeu dos direitos humanos. Não só há ali uma incorporação, mas também uma aceitação desse pedaço do regime como constituindo matéria constitucional comunitária.

Finalmente, o último aspecto relacional que vale mencionar tem conexão com o que se discutiu sobre a classificação de algumas ações regulatórias como constituindo ação administrativa global. Aqui temos a União Europeia e os seus Estados membros implementando em seus espaços territoriais aquilo que, na linguagem da literatura sobre o Direito Administrativo Global, é um produto administrativo da ação do Conselho de Segurança enquanto um dos administradores globais.

11.3. Caso Madonna

Em maio de 1998, um desenvolvedor de *sites* adquiriu o nome de domínio MADONNA.COM. Em junho do mesmo ano, ele registrou na Tunísia a marca MADONNA. Começou então a operar um *site* de entretenimento adulto, que apesentava fotos e textos de conteúdo explícito.

No *site*, era possível ver notas explicativas que diziam não ter ele qualquer relação com a Igreja Católica, com a cantora Madonna e com outras entidades que tinham “Madonna” no nome.

No ano seguinte, o desenvolvedor de *sites* removeu o conteúdo explícito e o *site* passou a ostentar mensagem que prometia para breve uma operação de jogos ou apostas. Mais ou menos ao mesmo tempo, esse mesmo desenvolvedor foi interpelado por representantes da artista Madonna, que transmitiam a objeção dela ao uso do nome de domínio, que continha seu nome.

Em resposta, ele disse ter desativado o *site* antes mesmo da comunicação. Logo após a desativação, ele teria ainda feito contatos com um hospital de nome Madonna Rehabilitation Hospital com o propósito de doar ao mesmo o nome de domínio. Isso, no entanto, não chegou a acontecer.

Ficou claro, além de tudo o que precede, que o mesmo desenvolvedor de *sites* havia em algum momento registrado outros nomes de domínio que coincidiam com as marcas comerciais de outros, incluindo aquele de um grande jornal americano.

Esse conjunto factual é o reportado por um Painel Administrativo que, no âmbito do Centro de Arbitragem e Mediação da OMPI – Organização Mundial para a Propriedade Intelectual –, decidiu a questão sobre quem deveria ficar com e usar o nome de domínio MADONNA.COM, em maio de 2000.[69]

Como se sabe, nome de domínio é o equivalente nominal de um número que identifica cada localização, cada *site*, no universo da World Wide Web, que por sua vez pode ser descrita como a rede de conexões mais amplamente usada nas interações que a internet permite. Como lembrar as sequências de números seria uma impossibilidade, concebeu-se o sistema pelo qual cada uma dessas sequências poderia coincidir com apenas um nome de domínio.

Quem organiza, mundialmente, essa atribuição de nomes de domínio é uma instituição privada chamada ICANN,[70] com sede nos Estados Unidos. É a ICANN quem credencia, por meio de séries de contratos, registradores responsáveis pela atribuição de complementos como ".com", ".net", ".org", etc., e também aqueles relacionados aos países, ".br", por exemplo.

Reconhecendo a ocorrência de disputas relacionadas aos nomes de domínio, a própria ICANN criou dois conjuntos de normas, que chamou de "políticas" – e que não são suas únicas produções normativas – um deles

[69] WORLD Intellectual Property Organization. Arbitration and Mediation Center (Domain Name Dispute Resolution). *Case No. D20000847*, Madonna Ciccone, p/k/a Madonna *v.* Dan Parisi and "Madonna.com". Genebra, 12 out. 2000.

[70] ICANN. *Internet Corporation for Assigned Names.* Disponível em: https://www.icann.org/. Acesso em: 6 maio 2021.

sendo a *Uniform Domain Name Resolution Policy* e o outro a *Rules for Uniform Domain Name Dispute Resolution Policy*.[71]

Já a OMPI[72] é uma organização interestatal, produto, portanto, do Direito Internacional Público, e de um tratado celebrado por Estados, que tem por função lidar com o tema da Propriedade Intelectual e aquilo que a ele se relaciona.

A OMPI, percebendo a conexão possível entre os dois temas, aquele dos nomes de domínio e o da propriedade intelectual e das marcas comerciais, resolveu instituir um lócus institucional, o Centro de Arbitragem e Mediação, que poderia resolver os conflitos relacionados aos nomes de domínios (com grandes implicações para a proteção de marcas comerciais, como fica claro na disputa envolvendo Madonna) e, o que é mais relevante para nossos propósitos, aplicando as normas, as políticas e regras instituídas pela ICANN, uma entidade privada!

A decisão final do Painel foi favorável à artista Madonna e a sua implementação se deu de modo muito simples: notifica-se o registrador responsável pelo domínio ".com" e ele processa a transferência. Isto tudo é feito segundo o que está previsto na regulação dessa matéria, contida, como dito, em séries de contratos entre entes privados. Trata-se, portanto, de regulação estritamente privada de um assunto que tem relevância pública, considerado o alcance e a relevância da internet, da World Wide Web, dos nomes de domínio e da sua relação com as marcas comerciais. Perceba-se, ainda, que a decisão é aquela de um Painel Administrativo.

Nada no nome indica ser algo parecido com um tribunal, quer nacional, quer internacional, ou que se trate de uma decisão obrigatória em Direito. Entretanto, a eficácia da decisão não deixa dúvidas – o registrador cumprirá.

Esse caso nos colocou diante, primeiro, de um exemplo da dificuldade de delimitar temas e, por conseguinte, regimes, e de localizá-los precisamente – onde começam e onde terminam, o da internet, o dos nomes de domínio, o de propriedade intelectual etc. Logo nos colocou diante

[71] ICANN. Uniform Domain-Name Dispute-Resolution Policy. Disponível em: https://www.icann.org/resources/pages/help/dndr/udrp-en. Acesso em: 7 maio 2021; ICANN. Rules for Uniform Domain Name Dispute Resolution Policy. Disponível em: https:// www.icann.org/resources/pages/udrp-rules-2015-03-11-en. Acesso em: 7 maio 2021.

[72] WORLD Intellectual Property Organization – WIPO. Disponível em: https://www.wipo.int/portal/en/index.html. Acesso em: 6 maio 2021.

do contato, potencial choque e troca, entre um regime da internet e um outro da propriedade intelectual, por exemplo. E nos revelou também um tipo de relação possível entre o Direito Internacional e a regulação privada: uma organização interestatal instituindo mecanismos de solução de controvérsias que aplicarão normas, recomendações e políticas, formuladas por uma entidade privada para decidir quem ficará com um nome de domínio que está praticamente integralmente regulado por séries de contratos, outra modalidade de regulação privada.

11.4. Caso GlobalSantaFe

GlobalSantaFe Corp. é uma empresa resultante da fusão de duas outras –Global Marine e Santa Fe International Corporation –, que atuavam internacionalmente em setores relacionados à perfuração e ao petróleo. O acordo de fusão das duas empresas e o projeto de constituição da GlobalSantaFe foram anunciados em setembro de 2001. Imediatamente uma pessoa física coreana registrou, junto a um registrador coreano, o nome de domínio GLOBALSANTAFE.COM. Logo esse nome de domínio foi transferido para uma empresa relacionada à pessoa que o registrara e o *site* correspondente aparecia como "em construção".

Um mês mais tarde, as duas empresas entraram com uma ação *in rem*[73] contra o nome de domínio, com base em uma legislação federal norte-americana, a *Anticybersquatting Consumer Protection Act* (ACPA), diante de um tribunal de Virgínia. De acordo com as regras que se impunham ao tribunal, notificações da existência de uma tal ação foram enviadas ao registrante na Coreia e também foram publicadas nos jornais daquele país. Nesse meio-tempo, a fusão das empresas se consumou e a GlobalSantaFe, recém-criada, entrou com pedidos de registro de sua marca comercial diante das autoridades americanas.

[73] No Direito norte-americano, define-se *in rem* como "From Latin, 'against a thing'. Concerning the status of a particular piece of property. For instance, *in-rem* jurisdiction refers to the power of a court over an item of real or personal property. The 'thing' over which the court has power may be a piece of land or even a marriage. Thus, a court with only *in-rem* jurisdiction may terminate a marriage or declare who owns a piece of land. *In-rem* jurisdiction is based on the location of the property and enforcement follows property rather than person". Cf. *In Rem*. Cornell Law School – Legal Information Institute (LII). Disponível em: https://www.law.cornell.edu/wex/in_rem. Acesso em: 22 jul. 2021.

Enquanto o registrante não respondeu no âmbito do processo, o Registrador coreano depositou o certificado de registro perante o tribunal, de acordo com o que mandava o ACPA e outros regulamentos, o que significava que, em princípio, o registro ficava agora sob o poder do juiz e do tribunal.

No decorrer do processo, o tribunal chegou à conclusão de que de fato havia violação do ACPA e que o registro fora feito de má-fé. A GlobalSantaFe pedia, primeiro, que o tribunal emitisse uma ordem que comandasse à Verisign, uma empresa americana que tem a função de gerenciar os domínios ".com", a transferência do nome de domínio em disputa para a nova empresa. Logo depois, editou o pedido requerendo que a ordem se estendesse também ao registrador coreano, uma empresa coreana chamada Hangang, a mesma que já respondera antes depositando o registro à disposição do tribunal. Tal ordem foi dada pelo tribunal.

Em abril de 2002, o registrante coreano, de nome Park, entrou com uma ação judicial na Corte Distrital de Seoul, pedindo que aquele tribunal emitisse uma ordem proibindo a Hangang de transferir o nome de domínio, impedindo-a, portanto, de cumprir a decisão do tribunal da Virgínia. A Corte de Seoul concedeu, provisoriamente, o pedido de Park, com base na consideração de que o tribunal americano não teria competência internacional para conhecer e julgar o caso.

Diante do descumprimento da ordem de transferência do domínio, quer por parte de Hangang, quer por parte da Verisign, o tribunal da Virgínia fez uma emenda à sua ordem anterior, mandando agora que, enquanto não fosse feita a transferência, que o nome de domínio fosse cancelado para que ninguém além da empresa GlobalSantaFe o pudesse usar.

Todos esses fatos, aqui condensados em uma descrição rápida, são conhecidos porque contidos em uma decisão da *U.S. District Court for the Eastern District of Virginia*.[74] Ao longo dessa decisão, pode-se identificar as perguntas com que o tribunal lidou e às quais respondeu. Essencialmente, pergunta-se: se estão presentes os critérios previstos pelo ACPA e que confeririam ao tribunal competência sobre o caso; se houve violação substantiva, material do ACPA; se é possível o procedimento de transferência

[74] ESTADOS UNIDOS DA AMÉRICA. U.S. District Court for the Eastern District of Virginia. *GlobalSantaFe Corp. v. Globalsantafe. Com.* Virginia, 5 fev. 2003.

e/ou cancelamento do nome de domínio; se há considerações de cortesia internacional que poderiam levar o tribunal a não decidir ou a decidir de algum modo específico.

A pergunta sobre a violação substantiva do ACPA é, claramente, uma pergunta voltada para a interpretação, por um tribunal americano, de uma legislação americana, de conteúdo material definido pelos legisladores do mesmo país. Um conjunto de normas contidas em instrumento legislativo cujo propósito é proteger as marcas comerciais e os direitos delas da atividade daqueles que poderiam ser chamados de piratas cibernéticos.

Já as perguntas relacionadas à jurisdição ou à competência, e também às considerações de cortesia internacional, estão mais próximas daquilo que foi dito antes sobre o Direito Internacional Privado. Tem-se aqui uma situação de natureza privada conectada a mais de uma ordem jurídica (EUA e Coreia do Sul) em que, tendo a disputa chegado ao tribunal de um desses dois sistemas, o juiz nacional tem que decidir se pode, se tem competência para julgar. Os critérios para essa decisão estão na sua própria legislação nacional, neste caso, no ACPA e no que diz o sistema sobre as considerações de cortesia internacional em relação a outros Estados e seus sistemas jurídicos.

É importante notar que também o tribunal coreano teve que lidar com essa questão, e discutiu a sua própria competência assim como chegou à conclusão de que os tribunais americanos careciam de jurisdição para comandar aquela ação específica a um registrador coreano.

Finalmente, a última pergunta, sobre a factibilidade da transferência e/ou do cancelamento, tinha, é claro, uma dimensão técnica. Em relação a essa dimensão, no entanto, a resposta era clara e conhecida: a Hangang podia pedir que a Verisign fizesse a transferência e podia também pedir que a Verisign cancelasse o nome de domínio; e a Verisign podia facilmente operar uma ou outra ação.

A dimensão mais complexa dessa pergunta seria mais bem expressa do seguinte modo: Hangang e Verisign *podiam*, estavam autorizadas, a levar adiante uma ou outra das ações? A pergunta também poderia ser assim traduzida: o tribunal podia emitir aqueles comandos em relação às duas empresas e, tendo-as emitido, elas estavam *obrigadas* a cumpri-los?

Eliminemos o elemento mais facilmente resolvido aqui: a Hangang, não tendo presença física nos Estados Unidos, não podia sofrer, por parte dos tribunais desse país, qualquer coação no sentido de cumprir as suas ordens.

De todo modo, vale dizer que a Hangang se considerava impossibilitada de pedir a transferência ou o cancelamento do nome de domínio por conta dos contratos que a obrigavam perante a ICANN e que a impediam de fazer aquilo a não ser por conta de procedimentos específicos.

Já a Verisign tem presença no próprio distrito em que está o tribunal e pode, portanto, se coagida pelo mesmo a cumprir as suas ordens. Ao longo do processo, no entanto, a Verisign insistiu igualmente no argumento de que não poderia implementar a transferência ou o cancelamento por força também dos contratos que determinavam as suas funções em relação à atribuição dos nomes de domínio e que materializavam a regulação que nessa matéria foi produzida e é implementada pela ICANN!

Esse caso nos colocou, evidentemente, em contato com relações entre sistemas jurídicos nacionais, tal como foi genericamente descrito antes, quando se falou do Direito Internacional Privado.

Entremeado com essas relações, no entanto, está o contato, a fricção mesmo, que se pode perceber entre as normas e as instituições do Direito Nacional, de um lado, e a força efetiva de uma regulação estritamente privada, produzida e implementada também por instituições estritamente privadas do outro.

O problema, como também já referimos, é que os privados estão sempre sobre o território de um Estado e, por mais que a regulação, privada, nesse caso, temática, se pretenda existente e atuante em relação ao tema ou ao setor, o contato com o território será sempre inevitável. E o atrito com o poder estatal será sempre uma possibilidade.

11.5. Caso Yukos

Após a dissolução da União Soviética, no início dos anos 1990, a Rússia passou por uma série de reformas econômicas, entre elas, a rápida privatização de suas maiores empresas estatais. Entre 1995 e 1996, em resposta à grave crise financeira do Estado russo, foi posto em ação o programa de privatização para a indústria petroleira, que ficou conhecido como *loans for shares* (empréstimos por ações). Sob esse esquema, o controle da Yukos, criada em 1993 como uma sociedade por ações, foi adquirido em 1995 pelo banco Menatep.

Entre 1996 e 2003, sob o comando de Mikhail Khodorkovsky, CEO do Grupo Menatep, *holding* que controlava a petroleira por meio de suas subsidiárias, Hulley Enterprises Ltd. e Yukos Universal Limited., a Yukos se tornou a maior companhia de petróleo e gás da Rússia, e uma das maiores do mundo. A prosperidade da Yukos era atribuída à modernização de suas operações e à implementação de práticas empresarias que lhe teriam possibilitado negociar com grandes empresas do Ocidente.

Além disso, como outras grandes companhias de petróleo russas, a Yukos se beneficiava de um regime tributário implementado nos anos 1990, que buscava desenvolver economicamente certas regiões subdesenvolvidas por meio da concessão de isenções tributárias a empresas que nelas se instalassem.

Em 2003, foram iniciadas investigações pelo Ministro da Fazenda acerca dos esquemas tributários da Yukos sob o referido regime de incentivo. Segundo o governo russo, a Yukos se beneficiava de tal regime de forma fraudulenta, pois teria instalado suas plantas de produção em certas regiões apenas com o fito de evadir o pagamento de bilhões em tributos.

De 2003 a 2004 foram emitidos cinco autos de infração, referentes aos anos de 2000 a 2004, exigindo o pagamento de US$ 24 bilhões.

Paralelamente, em 2003, o Procurador-Geral da Rússia iniciou uma série de investigações contra os advogados, consultores externos e altos funcionários da Yukos, notoriamente entre eles Mikhail Khodorkovsky e Platon Lebedev, diretor do grupo Menatep. Funcionários em cargos de direção, ocidentais, voltaram para seus países de origem, temendo ter o mesmo destino que Khodorkovsky, que foi preso no final de 2003 sob acusação de fraude e corrupção.

Durante o ano de 2003, negociava-se a fusão da Yukos com a empresa Sibneft, o que tornaria a empresa resultante, YukoSibneft, a quarta maior companhia petroleira do mundo. No entanto, após a prisão de Khodorkovsky e encontros do presidente Vladimir Putin com os diretores da Sibneft, no final de 2003, o negócio foi cancelado.

Em julho de 2004, a Yukos fez diversas propostas às autoridades russas para negociar a liquidação de sua dívida tributária, mas todas foram rejeitadas. Assim, com o não pagamento de três dos autos de infração, e a imposição de multas pelo inadimplemento, os ativos da Yukos foram congelados, e suas ações em subsidiárias apreendidas.

Para saldar a enorme dívida da Yukos, o governo russo leiloou em dezembro de 2004 a empresa produtora de óleo Yugasnkneftegaz, principal ativo da Yukos, a um preço julgado como abaixo do valor de mercado, a uma empresa recém criada, que foi então rapidamente adquirida pela empresa estatal russa Rosneft.

Os autos de infração e sua execução foram contestados nas cortes russas, quanto aos seus fundamentos e valores, e principalmente quanto aos procedimentos adotados pelas autoridades fiscais que, segundo a Yukos, cerceavam seu direito de defesa, como o agendamento de audiências em um prazo muito curto. O caso foi levado à Suprema Corte Comercial Russa, que decidiu em outubro de 2005 que os procedimentos administrativos e judiciais haviam sido conduzidos conforme as leis russas.

Em 2005, Khodorkovsky vendeu suas ações no Grupo Menatep, que teve seu nome alterado para GML Ltd. Em março de 2006, os credores da Yukos entraram com pedido de falência da Yukos às autoridades russas e seus bens foram liquidados e adquiridos pela Rosneft. Em 2007, a Yukos foi extinta dos registros.

Esta é a descrição tão neutra quanto possível dos fatos ocorridos, mas é contundente o peso das motivações políticas nas narrativas das partes. Os leilões das empresas estatais ocorridos no início dos anos 1990 são envoltos em contestações de fraude, favorecimento e ausência de transparência. O Banco Menatep, atuando também como administrador do leilão, adquiriu a Yukos por um preço muito abaixo de seu valor de mercado. O mesmo ocorreu no leilão das outras empresas consideradas as "joias da coroa" russas, que acabaram nas mãos de um pequeno grupo de pessoas que enriqueceram rapidamente, posteriormente conhecidos como "oligarcas" devido ao seu poder político e econômico.

Em seu auge, em 2003, Mikhail Khodorkovsky desfrutava de enorme influência econômica e política, financiando partidos opositores ao Kremlin. Visto como defensor da aproximação com o Ocidente, denunciava publicamente supostas práticas corruptas do governo russo. As medidas regulatórias adotadas pela Rússia, já descritas, teriam tido, segundo os acionistas da extinta Yukos, clara motivação política: a de destruir a Yukos para eliminar o poder de seus dirigentes, principalmente Khodorkovsky, e utilizá-lo como exemplo para os outros "oligarcas" russos.

Em 18 de julho de 2014 foram publicados três laudos arbitrais que, em seu conjunto, condenaram a Rússia a pagar um valor total de

US$ 50 bilhões a três empresas que foram controladoras da OAO Yukos Companhia de Petróleo ("Yukos"), a título de compensação pelos danos causados por medidas que foram consideradas equivalentes à expropriação dos investimentos por elas detidos.

Logo em seguida, em 31 de julho de 2014, a Corte Europeia de Direitos Humanos emitiu uma sentença em que também condenava a Rússia a pagar uma indenização, desta vez à própria Yukos, no valor de cerca de US$ 2 bilhões por violações de direitos relacionados ao acesso à justiça e à proteção de sua propriedade.

A Rússia havia sido ainda condenada, em 2010 e 2012, em duas arbitragens iniciadas por acionistas minoritários da Yukos, conduzidas pelo Instituto de Arbitragem da Câmara de Comércio de Estocolmo, com base em Tratados Bilaterais de Investimento assinados com Reino Unido e Espanha, respectivamente.

Essa pluralidade de procedimentos e decisões relacionados a um mesmo conjunto factual remete aos temas da fragmentação do direito internacional, de sua expansão e diversificação em regimes especializados distintos, e da conexa multiplicação de tribunais e instâncias de tomada de decisão no plano internacional.

Como vimos, esses temas têm sido objeto constante de discussão entre juristas internacionalistas e suscitado preocupações com os percebidos riscos de choques entre regimes diferentes, de normas contraditórias e de conflitos de jurisdição, bem como de decisões conflitantes aplicadas aos mesmos fatos.

A primeira interação entre múltiplos que esse caso ilustra é justamente aquela do contato, da fricção, da superposição ou do eventual choque entre os Regimes do Direito Internacional – nesse caso, aquele dos investimentos internacionais e aquele da proteção dos direitos humanos, especificamente no espaço europeu – e também entre as instâncias jurisdicionais que atuam no âmbito de um e de outro Regime.

E, de fato, na essência, os mesmos pedidos tinham sido apresentados aos tribunais arbitrais e à Corte Europeia de Direitos Humanos. Aqui só não houve uma condenação duplicada, em termos de valores, porque a Corte Europeia resolveu restringir o alcance de sua decisão a partes apenas do que pedia a empresa.

Todavia, além de ilustrar a relação entre Regimes do Direito Internacional, esse caso ilumina também de modo muito interessante as relações possíveis entre o Direito Internacional e o Direito Interno, algo diferente do que discutimos antes sobre as imbricações entre os dois tipos de ordenamento.

Como as decisões arbitrais que condenaram a Rússia foram prolatadas por um tribunal que tinha por sede a Holanda, e considerando que é a lei da sede que pode dizer sobre a nulidade da arbitragem ou do laudo, a Rússia arguiu essa nulidade perante os tribunais holandeses e conseguiu, em um primeiro momento, a suspensão da aplicação do laudo arbitral. Enquanto isto que se lê era escrito, estava pendente ainda uma decisão final sobre o tema.

Assim, então, uma decisão tomada no âmbito do Direito Internacional, envolvendo valores de magnitude inédita, podia ter a sua validade mesma decidida de modo definitivo por um tribunal nacional.

11.6. Caso dos títulos argentinos

Em 2001 a Argentina declarou uma moratória no pagamento de sua dívida externa. A suspensão dos pagamentos se estendia a títulos emitidos nos Estados Unidos de 1994 a 2001. Como resultado de negociações com os portadores desses títulos, o país conseguiu substituir, em 2005 e em 2010, a quase totalidade dos papéis. O fato de que alguns poucos investidores, entre os quais aqueles que compraram tardiamente os títulos – bem depois da moratória –, tenham optado pela cobrança judicial perante os tribunais de Nova York, deu lugar depois a um risco de crise e novo calote.

Os títulos originários continham uma disposição, conhecida por *pari passu*, que impõe ao país devedor a obrigação de não subordinar esses papéis ou lhes dar condições menos privilegiadas que outros de mesma natureza.

Quando a Argentina renegociou a dívida, deixou muito claro, passando inclusive legislação nesse sentido, que os detentores de títulos que não se incorporassem ao processo de substituição dos papéis enfrentavam o risco de não pagamento. E desde então, de fato, o país vinha cumprido fielmente o cronograma de pagamentos dos títulos substituídos e não estava pagando os que restaram.

O que decidiram os tribunais de Nova York, e o que foi finalmente confirmado pela Suprema Corte Americana, é que a interpretação correta da cláusula *pari passu* impõe a conclusão de que as decisões e a legislação argentinas, bem como o pagamento apenas dos títulos decorrentes da renegociação, são violações da igualdade de tratamento devida originalmente.

Essa decisão estava fundada na interpretação que faziam, esses tribunais, da lei de Nova York, a qual, segundo os termos dos títulos emitidos, é a lei aplicável a possíveis controvérsias. E a decisão é tomada pelos tribunais do mesmo estado americano porque também isto está previsto em cláusula de foro competente.

Normalmente, por conta do princípio da soberania dos Estados, um país não pode ser submetido à jurisdição dos tribunais de um outro, a não ser que o faça voluntariamente. Trata-se da imunidade de jurisdição à qual o Estado pode, no entanto, renunciar. E esta renúncia houve, aos olhos dos tribunais, pela aceitação dos termos dos títulos.

Entretanto, para além da imunidade de jurisdição, há aquela imunidade dita de execução, ou seja, a impossibilidade de se executar as obrigações de um Estado diante da jurisdição de um outro, ainda que ele tenha renunciado à imunidade de jurisdição e tenha sido condenado com base nessa renúncia.

É essa limitação que dá um sentido especialmente problemático ao caso argentino.

Tanto a imunidade de jurisdição quando a de execução são regras do Direito Internacional Público razoavelmente uniformes na sua compreensão. No entanto, cada Estado tem a sua própria formulação dessas normas. É por conta desse possível desencontro entre a interpretação dos tribunais nacionais e a formulação no Direito Internacional que surge a discussão sobre a possibilidade de a Argentina levar essa controvérsia à Corte Internacional de Justiça.

O Judiciário americano fundou sua decisão em uma lei interna federal sobre a imunidade e interpretou seus termos como restrições a que as autoridades nacionais pudessem de algum modo penhorar ou apreender bens argentinos presentes no território americano.

Diante dessa restrição, o tribunal de Nova York decidiu, apoiado mais tarde pela Suprema Corte, que as medidas aptas, e permitidas, a dar força ao seu julgamento eram basicamente duas: por um lado, sem tomar posse dos recursos argentinos por ventura existentes em bancos, impedir que a Argentina opere os pagamentos aos detentores dos títulos renegociados a não ser que o faça na mesma proporção em relação aos títulos dos que se recusaram a negociar; por outro lado, permitir que se demande de bancos e outros informações sobre bens argentinos existentes em qualquer lugar do mundo.

Há aqui evidentemente uma questão problemática que diz respeito à interpretação que os tribunais americanos fazem da imunidade de execução e seus limites. Combinado isso com o efeito extraterritorial, que esta decisão se permite explicitamente e que decisões de tribunais americanos tendem a ter por força da centralidade desse país nas relações econômicas internacionais, situações críticas podem surgir e se multiplicar.

12.
UM OLHAR PARA TRÁS: CONSIDERAÇÕES FINAIS

A primeira edição deste livro trazia considerações finais que se iniciavam com o seguinte parágrafo:

> Finda a viagem, vem-me à mente a fala de um antigo professor, segundo quem, se tivéssemos dito o que tínhamos querido dizer ao longo de um trabalho, as conclusões estavam dadas e não fazia sentido redigir "conclusões", que, necessariamente, repetiriam os argumentos de uma boa introdução e do corpo do texto.

Apesar desse argumento – muito convincente a meus olhos – eu ainda assim segui escrevendo algumas linhas, que não pretendiam reafirmar o antes dito, mas expressavam o desejo de que o leitor tivesse chegado ao final da jornada – a sua viagem pelo universo de normas e suas relações – transformado, tendo renovado a disposição para pensar o Direito de modo crítico. Lembravam ao final que esta viagem nunca está terminada para quem mantiver o olhar atento voltado para a ordenação do mundo pelas normas e pelo entrelaçamento entre as normas.

Já no prefácio a esta segunda edição eu lembrei que um livro como este, que expressava a intenção de fazer entender claramente a arquitetura fundamental dos modos pelos quais as normas – e por extensão os conjuntos normativos, os regimes, os sistemas, as tradições – interagem necessariamente deixaria coisas de fora. Prometi então que nestas considerações finais diria algo sobre as coisas não contidas no livro.

Esta obra descreveu e explicitou, primeiro, uma possível classificação de todas as normas em dois tipos fundamentais, as jurídicas e as não jurídicas, e adotou como critério de diferenciação o reconhecimento, ou o não reconhecimento, pelas ordens jurídicas, das normas como sendo válidas e obrigatórias. Ora, é evidente que há aqui muitas coisas abertas à discussão e à discordância: a utilidade da distinção, a natureza e a definição do jurídico, o critério de diferenciação. O livro não faz essa discussão que sabe possível. Ele se contenta em mostrar que, enquanto as normas incidem sobre a vida e se relacionam umas com as outras, a distinção, baseada no critério adotado, importa e tem impacto sobre os resultados, sobre as razões para o cumprimento, para a solução das controvérsias, etc.

Também descreveu os modos básicos que têm as normas de se reunirem, de estabelecerem entre si relações significativas que resultam em instituições, em regimes que se ocupam com temas específicos, em sistemas jurídicos. São os tipos de agregados de normas, descritos de modo genérico, é claro. Só depois de feita essa descrição é que se pode então explicar esquematicamente como normas, pertencentes ou não a agregados, se relacionam, competem, se chocam, cooperam, se encavalam, enquanto incidem sobre os atores e sobre as relações sociais. Do mesmo modo, se pode explicar como os agregados de normas – jurídicos, não jurídicos, mistos, regimes, sistemas... – podem também competir, se chocar, cooperar e se encavalar.

Mostrou-se então como se relacionam os sistemas jurídicos nacionais, o Direito Internacional com o Direito Interno, esses dois com o Direito Comunitário, os sistemas jurídicos com as tradições jurídicas, as normas jurídicas dos mais variados sistemas com as normas tidas por não jurídicas.

Para cada uma dessas situações de interação, revelou-se sobretudo, se não exclusivamente, os mecanismos técnicos pelos quais as normas e os agregados normativos se relacionam uns com os outros enquanto incidem sobre as relações sociais. Os exemplos explorados, o que se chamou de ilustrações de uma realidade capaz de produzir uma infinidade de casos concretos, também serviam a ilustrar o mesmo funcionamento dos mecanismos técnicos.

E o que é que tudo isso deixa de fora? Muita coisa, essa é a resposta. Ao longo da história e ainda hoje, a multiplicidade das expressões da vontade, da intenção, de ordenar o mundo e as relações por normas, é um fato que quase não demanda demonstração. E ao longo dessa mesma história, é evidente que essas múltiplas experiências de normatização e de regramento da vida se encontraram, se inspiraram umas nas outras, aprenderam e copiaram, foram superadas ou substituídas umas pelas outras, adotaram instituições, conceitos, soluções enquanto se olhavam mutuamente ou enquanto disputavam espaço. Tudo isso foi aqui e ali mencionado no livro, mas não podia ser o seu objeto.

Olhar para a estrutura fundamental das conexões é mais factível do que mapear os conteúdos que transitam pelos liames, as forças que impulsionam esse trânsito, os vetores e os sentidos da movimentação e, finalmente, os efeitos, as transformações decorrentes das trocas.

É evidente que se pode olhar para todas essas coisas, é, na verdade, necessário olhar para elas. É possível ensaiar classificações ou tipologias: transplantes, cópia, implantação forçada, harmonização, complementaridade, fertilização cruzada... Será, no entanto, possível mapear e representar a totalidade desses fenômenos? E se for, quando quisermos dar aquela espiada neste outro infinito do real, além de nos vermos diante da limitação de só podermos olhar para um caso de cada vez, não descobriremos também que este é um infinito maior do que aquele com que ocupou este nosso livro?

A descobrir, talvez.

REFERÊNCIAS

A Global Administrative Law Bibliography. *Law and Contemporary Problems*, v. 68, n. 3, p. 357-377, 2011.

ABBOTT, Kenneth W.; SNIDAL Duncan. Strengthening International Regulation through Transnational New Governance: Overcoming the Orchestration Deficit. *Vanderbilt Journal of Transnational Law*, p. 1-69, 2009.

ABI SAAB, Georges. Fragmentation or Unification: Some Concluding Remarks. *NYUJournal of International Law and Policy*, v. 31, p. 919-933, 1998-1999.

AHMAD, Ali. The Role of Islamic law in the Contemporary World Order. *Journal of Islamic Law and Culture*, v. 6, p. 157-172, 2001.

AL MAJZOUB, Mohammad. *Al Kanoun Al Doualy Al AM*. 5. ed. Almanshurat Alhalabi Alhukoukyiat: Beirut, 2004 (em árabe).

BACKER, Larry Cat. Economic Globalization and the Rise of Efficient Systems of Global Private Lawmaking: Wal-Mart as Global Legislator. *University of Connecticut Law Review*, n. 39, 2007.

BADIN, Michelle Raton Sanchez. The Global Administrative Law Project: A review from Brazil. *Artigos Direito GV*, v. 38, p. 1-14, 2009.

BADR, Gamal Moursi. Islamic Law: Its Relation to Other Legal Systems. *The American Journal of Comparative Law*, v. 26, n. 2, p. 187-198, 1978.

BARTLEY, Tim. Institutional Emergence in an Era of Globalization: The Rise of Transnational Private Regulation of Labor and Environmental Conditions. *American Journal of Sociology*, v. 113, n. 2, p. 297-351, 2007.

BARTOLI, Henry. La mondialisation doit être gouvernée. *Revue Quart Monde*, n. 175, set. 2000.

BAUDELAIRE, Charles. Le spleen de Paris apud BECKER, Karin. *Les discours sur les nuages dans la littérature française*. Paris: Géographie et Cultures, n. 85, 2013.

BAUMAN, Zygmut. Liquid Modernity. Cambridge: Polity Press, 2000.

BECK, Ulrich. *Pouvoir et contre-pouvoir à l'heure de la mondialisation*. Paris: Champs, 2003.

BEDJAOUI. Declaração. *Legality of the Threat or Use of Nuclear Weapons*. Advisory Opinion of 8 July 1996 I.C.J. Reports 1996.

BENKHEIRA, Hocine. La Nature du Droit Islamique. *Revista de Direito Internacional*, Brasília, v. 15, n. 3, p. 14-23, 2018.

BENVENISTI, Eval; DOWNS, Georges W. *National Courts Review of Transnational Private Regulation*, n. 2003, p. 1-18, 2005. (working paper) Disponível em: http://papers.ssrn.com/sol3/papers.cfm?abstract_id=1742452. Acesso em: 19 jul. 2021.

BERMAN, Harold Joseph. *Law and Revolution, II*: The Impact of the Protestant Reformations on the Western Legal Tradition. Cambridge, MA: Harvard University Press, 2009. p. 50-51.

BERMAN, Harold Joseph. *Law and Revolution*. Cambridge: Harvard University Press, 1983.

BLEUCHOT, Hervé. *Droit Musulman*. Aix-en-Provence: Presses Universitaires d'Aix-Marseille, 2000. t. I e ll.

BLOME, Kerstin *et al*. *Contested Regime Collisions*: Norm Fragmentation in World Society. Cambridge: Cambridge University Press, 2016.

BOGDANDY, Armin von; DANN, Philipp; GOLDMANN, Matthias. Developing the Publicness of Public International Law: Towards a Legal Framework for Global Governance Activities. *German Law Journal*, v. 9, n. 11, p. 1375-1400, 2007.

BOLI, John; THOMAS, George M. *Constructing World Culture* – International Nongovernmental Organizations Since 1875. California: Stanford University Press, 1999.

BÖRZEL, Tanja A.; HEARD-LAURÉOTE, Karen. Networks in EU Multi-level Governance: Concepts and Contributions. *Journal of Public Policy*, v. 29, n. 2, p. 135-151, 2009.

BRANSON, David J.; WALLACE JR., Richard E. Wallace. Choosing the Substantive Law to Apply in International Commercial Arbitration. *Virginia Journal of International Law*, v. 27, p. 1-64, 1986-1987.

BRASIL. Superior Tribunal Federal. *Arguição de Descumprimento de Preceito Fundamental n. 101 (ADPF-101)*. Portaria DECEX N. 8. Proibição de Pneus Usados. Relatora: Ministra Carmem Lúcia. DF 21.09.2006.

CAFAGGI, Fabrizio. *New Foundations of Transnational Private Regulation*. EUI Working Papers, p. 1-40, 2010.

CANAL-FORGUES, Eric (org.). *Recueil dês Constitutions dês Pays Arabes*. Bruxelas: Bruylant, 2000.

CAPELLER, Wanda; KITAMURA, Takanori, *Une Introduction aux Cultures Juridiques non Occidentales*. Bruxelas: Bruylant, 1998.

CAPLAN, Lee M. State Immunity, Human Rights, and *jus cogens*: A Critique of the Normative Hierarchy Theory. *The American Society of International Law*, v. 97, p. 741-781, 2003.

CAROTTI, Bruno; SAVINO, Mario. *Global Administrative Law*: Cases, Materials, Issues. New York University School of Law, 2008.

CARREAU, Dominique. *Droit International*. 8. ed. Paris: Pedone, 2004.

CARRILLO SALCEDO, Juan Antonio. Reflections on the Existence of a Hierarchy of Norms in International Law. *European Journal of International Law*, v. 8, n. 4, p. 583-595, 1997.

CARTY, Anthony. Critical International Law: Recent Trends in the Theory of International Law. *European Journal of International Law*, v. 2, p. 67-96, 1991.

CASSESE, Sabino. *Global Administrative Law*: An Introduction. Anais da IIJL Conference, 2005.

CASTELLS, Manuel. *A sociedade em rede*. Tradução de Roneide Venancio Majeer. São Paulo: Paz e Terra, 2008.

CASTORIADIS, Cornelius. *L'institution imaginaire de la société*. Paris: Seuil, 1975. CDI. *Draft Articles on the Law of Treaties*. Yearbook of the International Law Comission, v. 2, 1966.

CDI. *Report on the Work of its Fifty-Sixth Session*. General Assembly, Official Records, Fifty-ninth Session, Supplement n. 10 (A/59/10), 2004.

CHAUMONT, Eric. Quelques réflexions sur l'actualité de la question de l'ijtihâd. *In*: FRÉGOSI, Franck (org.) *Lectures contemporaines du droit islamique*. Strasbourg: Presses Universitaires de Strasbourg, 2004. p. 71-79.

CHESTERMAN, Simon. *Global Administrative Law*. Working Paper for the S.T. Lee Project on Global Governance, 2009. Disponível em: http://www.ssrn.com/abstract=1435170. Acesso em: 19 jul. 2021.

CHESTERMAN, Simon. Globalization Rules: Accountability, Power, and the Prospects for Global Administrative Law. *Global Governance*, v. 14, p. 39-52, 2008.

CHEVALLIER, Jacques. *L'État post-moderne*. Paris: LGDJ, 2017.

COLLINS, Richard. The Slipperiness of "Global Law". *Oxford Journal of Legal Studies*, Oxford, v. 37, p. 1-26, 2017.

COMBACAU, Jean; SUR, Serge. *Droit International Public*. Paris: Montchrestien, 1997. COMISSÃO EUROPEIA – Assuntos Legais, Sumário de Sentenças importantes, *Caso C-459/03 (Comissão v. Irlanda)*, 2006.

CPA. *Caso MoxPlant*, (Irlanda *v.* Reino Unido), Ordem n. 1 – Ireland's Amended Statement of Claim, 2002.

CPA. *Caso Mox Plant*, (Irlanda *v.* Reino Unido), Ordem n. 2 – Tempo Limite para Submissões e pedidos, 2002.

CPA. *Caso Mox Plant*, (Irlanda v. Reino Unido), Ordem n. 3 – Suspensão dos Procedimentos de Jurisdição e Mérito, e Pedidos de Medidas Cautelares, 2003.

CPA. *Caso Mox Plant,* (Irlanda *v.* Reino Unido), Ordem n. 4 – Outras Suspensões de Jurisdição e Mérito, 2003.

CPA. *Caso Mox Plant,* (Irlanda *v.* Reino Unido), Ordem n. 5 – Suspensão dos Relatórios Periódicos pelas Partes, 2007.

CPA. *Caso Mox Plant,* (Irlanda *v.* Reino Unido), Ordem n. 6 – Fim dos Procedimentos, 2008.

DAILLIER, Patrick; PELLET, Alain. *Droit international Public.* 7. ed. Paris: LGDJ, 2002. DANILENKO, Gennady M. International jus cogens: issues of law-making. *European Journal of International Law,* v. 2, n. 1, p. 42-65, 1991.

DARIAN-SMITH, Darian. Laws and Societies. *In*: COMBACAU, Jean; SUR, Serge. *Droit International Public.* Paris: Montchrestien, 1997.

DAVID, René. *Os grandes sistemas do Direito Contemporâneo.* 3. ed. São Paulo: Martins Fontes, 1996.

DAVIS, Dennis; CORDER, Hugh. Globalization, National Democratic Institutions and the Impact of Global Regulatory Governance on Developing Countries. *Acta Juridica,* v. 9, p. 68-89, 2009.

DE MESQUITA, Bruce Bueno. Popes, Kings, and Endogenous Institutions: The Concordat of Worms and the Origins of Sovereignty. *International Studies Review,* v. 2, n. 2, p. 93-118, 2000. Disponível em: www.jstor.org/stable/3186429. Acesso em: 14 jan. 2020.

DE SOUZA SANTOS, Boaventura; RODRIGUEZ-GARAVITO, César A. (orgs). *Law and Globalization from Below.* Cambridge: Cambridge University Press, 2005.

DELMAS-MARTY, Mireille. *Ordering Pluralism*: A Conceptual Framework for Understanding the Transnational Legal World (French Studies in International Law). Oxford: Hart Publishing, 2009.

DELMAS-MARTY, Mireille. *Le relatif et l'universel.* Les Forces imaginantes du droit. Paris: Seuil, 2004, v. 1.

DELMAS-MARTY, Mireille. *Trois défis pour un droit mondial.* Paris: Seuil, 1998.

DELMAS-MARTY, Mireille. *Études juridiques comparatives et internationalisation du droit*: Leçon inaugurale prononcée le jeudi 20 mars 2003. Paris: Collège de France, 2003. Disponível em: http://books.openedition.org/cdf/2697. Acesso em: 19 jul. 2021.

DIMOULIS, Dimitri; LUNARDI, Soraya. A validade do direito na perspectiva juspositivista. Reflexões em torno de Hans Kelsen. *In*: OLIVEIRA, Júlio Aguiar de; TRIVISONNO, Alexandre Travessoni Gomes (orgs.). *Hans Kelsen*: teoria jurídica e política. Rio de Janeiro: Forense, 2013. p. 213-231.

DOWNS, Anthony. An Economic Theory of Political Action in a Democracy. *Journal of Political Economy,* v. 65, n. 2, 1957. Disponível em: www.jstor.org/stable/1827369. Acesso em: 19 jul. 2021.

DUMEZ, Hervé; JEUNEMAITRE, Alain. Comprendre la globalisation. *La Gazette de la Société et des Techniques,* n. 4, septembre 2000.

DUPRET, Baudouin (org.). *La Charia Aujourd'hui* – Usages de la Référence au Droit Islamique. Paris: La Découverte, 2012.

DUPRET, Baudouin; BUSKENS, Léon. Introduction. *In*: DUPRET, Baudouin (org.). *La Charia Aujourd'hui* – Usages de la Référence au Droit Islamique. Paris: La Découverte, 2012.

DUPUY, Pierre-Marie. A Doctrinal Debate in the Globalization Era: On the "Fragmentation" of International Law. *European Journal of Legal Studies*, v. 1, n. 1, p. 1-20, 2007.

DUPUY, Pierre-Marie. The Danger of Fragmentation or Unification of The International Legal System and the International Court of Justice. *International Law and Politics*, v. 31, p. 791-807, 1999.

ESTADOS UNIDOS DA AMÉRICA. Supreme Court. KIOBEL, individually and on behalf of her late husband KIOBEL *et al.* v. ROYAL DUTCH PETROLEUM CO. et al. Washington D.C., 17 abr. 2013. October Term 2012 (Slip Opinion), 2012-2013.

ESTADOS UNIDOS DA AMÉRICA. U.S. District Court for the Eastern District of Virginia. GlobalSantaFe Corp. v. Globalsantafe. Com. Virginia, 5 fev. 2003.

ESTY, Daniel C. Good Governance at the Supranational Scale: Globalizing Administrative Law. *The Yale Law Journal*, v. 115, n. 7, p. 1490-1562, 2011.

FARIA, José Eduardo (org.). *Direito e globalização econômica* – Implicações e perspectivas. São Paulo: Malheiros, 1996.

FERRAJOLI, Luigi. *A soberania no mundo moderno*. São Paulo: Martins Fontes, 2002.

FISH, Stanley. Working on the Chain Gang: Interpretation in the Law and in Literary Criticism. *Critical Inquiry*, v. 9, n. 1, 1982. Disponível em: www. jstor.org/stable/1343280. Acesso em: 19 jul. 2021.

FISHER-LESCANO, Andreas; TEUBNER, Gunther. Regime-Collisions? The Vain Search for Legal Unity in the Fragmentation of Global Law. *Michigan Journal of International Law*, v. 25, p. 999-1046, 2004.

FORNASIER, Mateus de O.; FERREIRA, Luciano V. A regulação das empresas transnacionais entre as ordens jurídicas estatais e não estatais. *Revista de Direito Internacional*, v. 12, n. 1, 2015.

FOZ MANGE, Flavia. As características do Direito Transnacional como metodologia: Análise sob o enfoque dos aspectos processuais da arbitragem. *Revista de Direito Internacional*, Brasília, v. 13, n. 3, 2016.

GHIRARDI, José Garcez. *O instante do encontro*: questões fundamentais para o ensino jurídico. São Paulo: FGV, 2012.

GHIRARDI, José Garcez; NASSER, Salem Hikmat. Representações do Direito e a crise da modernidade. São Paulo: FGV, 2016.

GIDDENS, Anthony. *The Consequences of Modernity*. Stanford: Stanford University Press, 1990.

GIDDENS, Anthony. *Modernity and Self-Identity*: Self and Society in the Late Modern Age. Redwood: Stanford University Press, 1991.

GIFIS, Steven H. *Barron's Law Dictionary*. 6. ed. Nova York: Barron's Educational Series, 2010.

GILLESPIE, Michael Allen. *The Theological Origins of Modernity*. Chicago: University of Chicago Press, 2009.

GLEAVE, Robert, La charia dans l'histoire: ijtihad, épistémologie et "tradition classique". *In*: DUPRET, Baudouin (org.). *La Charia Aujourd'hui* – Usages de la Référence au Droit Islamique. Paris: La Découverte, 2012.

GLENN, Patrick H. *Legal Traditions of the World*. Nova York: Oxford University Press, 2010.

HAFNER, Gerhard. Pros and Cons Ensuing from Fragmentation of International Law. *Michigan Journal of International Law*, v. 25, p. 849-863, 2004.

HALBERSTAM, Daniel. *Local, Global and Plural Constitutionalism*: Europe Meets the World, 2009 (working paper) Disponível em: http://ssrn.com/abstract=1521016. Acesso em: 19 jul. 2021.

HALLAQ, Wael. *A History of Islamic Legal Theories*. Cambridge University Press: Cambridge, 1999.

HANSENCLEVER, Andreas; MAYER, Peter; RITTBERGER, Volker. *Theories of international regimes*. Cambridge: Cambridge University Press, 1997.

HARLOW, Carol. Global Administrative Law: The Quest for Principles and Values. *European Journal of International Law*, v. 17, n. 1, p. 187-214, 2006.

HARLOW, Carol; RAWLINGS, Richard. Promoting Accountability in Multi-Level Governance: A Network Approach. *European Governance Papers*, 2006 (working paper).

HART, Herbet Lionel Aadolphus. *O conceito de Direito*. São Paulo: Martins Fontes, 2012.

HELD, David *et al.* (eds). *Global Transformations*. Cambridge: Polity Press, 1999.

HOOGHE, Liesbet; MARKS, Gary. Unraveling the Central State, but How? Types of Multi-Level Governance. *The American Political Science Review*, v. 97, n. 2, p. 233-243, 2003.

HOUAISS, Antônio; VILLAR, Mauro Salles. *Dicionário Houaiss da Língua Portuguesa*. Rio de Janeiro: Objetiva, 2001.

HURREL, Andrew. *On Global Order* – Power, Values, and the Constitution of International Society. Oxford: Oxford University Press, 2007.

ICANN. *Uniform Domain-Name Dispute-Resolution Policy*. Disponível em: https:// www.icann.org/resources/pages/help/dndr/udrp-en. Acesso em: 7 maio 2021.

ICANN. *Rules for Uniform Domain Name Dispute Resolution Policy*. Disponível em: https://www.icann.org/resources/pages/udrp-rules-2015-03-11-en. Acesso em: 7 maio 2021.

INTERNATIONAL CENTRE FOR SETTLEMENT OF INVESTMENT DISPUTES (ICSID). *Case N. ARB/07/5*, Abaclat and others (formerly Giovanna A.

Beccara and others) v. Argentine Republic. 2007. Disponível em: https://investmentpolicy.unctad.org/investment-dispute-settlement/cases/284/abaclat-and-others-v-argentina. Acesso em: 5 maio 2021.

INTERNATIONAL LAW ASSOCIATION CONFERENCE. *Islamic Law & International Law*, The Hague Conference. Draft Report. Hague: International Law Association, 2010.

JACKSON, John H. Fragmentation or Unification Among International Institutions: The World Trade Organization. *New York Journal of International Law and Politics*, v. 31, p. 823-831, 1999.

JACKSON, Sherman A. Legal Pluralism Between Islam and the Nation-State: Romantic Medievalism or Pragmatic Modernity? *Fordham International Law Journal*, n. 158, 2006-2007.

JESSUP, Phillip. *Transnational Law*. New Haven: Yale University Press, 1956.

KELSEN, Hans. A Teoria pura do Direito. São Paulo: Martins Fontes, 2009.

KELSEN, Hans. Teoria pura do Direito. Tradução de João Baptista Machado. 6. ed. São Paulo: Martins Fontes, 1998.

KELSEN, Hans. Teoria pura do Direito. Tradução de João Baptista Machado. 6. ed. Coimbra: Arménio Amado, 1984.

KELSEN, Hans. Théorie Générale du Droit International Public. Académie de Droit International. *Recueil des Cours*, v. 84, p. 1-204, 1953.

KEYNES, John Maynard; LEO, Christopher. Multi-Level Governance and Ideological Rigidity: The Failure of Deep Federalism. *Canadian Journal of Political Science*, v. 42, n. 1, p. 93-116, 2009.

KHADDURI, Majid. Nature and Sources of Islamic Law. *George Washington Law Review*, n. 22, p. 3-23, 1953-1954.

KHAN, Almas. The Interaction between Shariah and International Law in Arbitration. *Chicago Journal of International Law*, v. 6, p. 791-802, 2005-2006.

KHAN, Ali. The Responding of the Islamic Code: The Second Era of Ijtihad. *University of St. Thomas Law Journal*, v. 1, p. 341-385, 2003.

KINGSBURY, Benedict. The Concept of "Law" in Global Administrative Law. *European Journal of International Law*, v. 20, n. 1, p. 23-57, 2009.

KINGSBURY, Benedict. Co-Option and Resistance: Two Faces of Global Administrative Law. *New York University Journal of International Law and Politics*, v. 38, p. 799-827, 2005.

KINGSBURY, Benedict; KRISCH, Nico; STEWART, Richard. The Emergence of Global Administrative Law. *Law and Contemporary Problems*, v. 68, p. 15-61, 2005.

KINGSBURY, Benedict; KRISCH, Nico; STEWART, Richard; WIENER, Jonathan B. Global Governance as Administration-National and Transnational Approaches to Global Administrative Law. *Law and Contemporary Problems*, v. 68, n. 3-4, p. 1-13, 2005.

KJAER, Paul. Transnational Normative Orders: The Constitutionalism of Intra-and Trans-Normative Law. *Indiana Journal of Global Legal Studies*, p. 777-803, 2013.

KJAERT, Paul. Global Law as Inter-contextuality and as Inter-legality. *In*: KLABBERS, Jan; PALOMBELLA, Gianluigi (eds.). *The Challenge of Inter-legality*. Cambridge: Cambridge University Press, 2019. p. 302-318.

KOCH, Charles H. Globalization of Administrative and Regulatory Practice. *Administrative Law Review*, v. 54, n. 1, p. 409-414, 2002.

KOJI, Teraya. Emerging Hierarchy in International Human Rights Law and Beyond: from the Perspective of Non-Derogable rights. *European Journal of International Law*, v. 12, n. 5, p. 917-941, 2001.

KORKEAKIVI, Antti. Consequences of "Higher" International Law: Evaluating Crimes of State and *erga omnes*. *Journal of International Legal Studies*, v. 2, p. 81-117, 1996.

KOSKENNIEMI, Martti. *Fragmentation of International Law*: Difficulties Arising from the Diversification and Expansion of International Law. International Law Commission, fifty-eight session. Genebra: General Assembly of the United Nations, 2006.

KOSKENNIEMI, Martti. *Global Legal Pluralism*: Multiple Regimes and Multiple Modes of Thought. Palestra proferida em Harvard em 5 de março de 2005.

KOSKENNIEMI, Martti. *Study on the Function and Scope of the lex specialis Rule and the Question of "Self-Contained Regimes"*, Preliminary Report by Martti Koskenniemi, Chairman of the Study Group of the ILC. Maio 2004.

KOSKENNIEMI, Martti. Hierarchy in International Law: A Sketch. *European Journal of International Law*, v. 8, n. 4, p. 566-582, 1997.

KOSKENNIEMI, Martti; LEINO, Paivi. Fragmentation of International Law? *Leiden Journal of International Law*, v. 14, n. 3, p. 553-579, 2002.

KRASNER, Stephen. Structural causes and regime consequences: regimes as intervening variables. *In*: KRASNER, Stephen (ed.). *International Regimes*. Ithaka/ London: Cornell University Press, 1983.

KRISCH, Nico. Global Administrative Law and the Constitutional Ambition. *Law, Society Economy Working Papers*, 2009.

KRISCH, Nico. Introduction: Global Governance and Global Administrative Law in the International Legal Order. *European Journal of International Law*, v. 17, n. 1, p. 1-13, 2006a.

KRISCH, N. The Pluralism of Global Administrative Law. *European Journal of International Law*, v. 17, n. 1, p. 247-278, 2006b.

KUO, Ming-Sung. The Concept of "Law" in Global Administrative Law: A Reply to Benedict Kingsbury. *European Journal of International Law*, v. 20, n. 4, p. 997-1004, 2010.

KUTTY, Faisal M. The Shari'a Factor in International Commercial Arbitration. *Bepress Legal Series*, Paper 875, p. 1-78, 2005.

KYMLICKA, Will. *Multicultural Citizens*hip. Oxford: Oxford University Press, 1995.

LAKOFF, George; JOHNSON, Mark. Metaphors We Live By. Chicago: University of Chicago Press, 2003.

LE GOLF, Pierrick. Global Law: A Legal Phenomenon Emerging from the Process of Globalization. *Indiana Journal of Global Legal Studies*, v. 14, 2007.

LECHNER, Frank S.; BOLI, John. *The Globalization Reader*. 4. ed. Wiley-Blackwell, 2011.

LIMA, Gabriela G. B. Conceitos de Relações Internacionais e teoria do Direito diante dos efeitos pluralistas da globalização: governança global, regimes jurídicos, direito refexivo, pluralismo jurídico, corregulação e autorregulação. *Revista de Direito Internacional*, v. 11, n. 1, 2014.

LINDAHL, Hans. *Fault Lines of Globalization*. Legal Order and the Politics of A-Legality. Oxford: Oxford University Press, 2014.

LIPOVETSKY, Gilles. *L'ère du vide*. Paris: Gallimard, 1983.

LOMBARDI, Clark B. Islamic Law in the Jurisprudence of the International Court of Justice: An Analysis. *Chicago Journal of International Law*, v. 85, p. 85-118, 2007-2008.

LOPES, José Reinaldo de Lima. Hermenêutica e completude do ordenamento. *Revista de Informação Legislativa*, v. 26, n. 104, p. 237-246, out./dez. 1989.

LOUGHLIN, Martin. The Misconceived Search for Global Law. *Transnational Legal Theory*, v. 8. N. 3, p. 353-359, 2017.

LYOTARD, Jean-François. *A condição pós-moderna*. Tradução de Ricardo Corrêa Barbosa. 8. ed. Rio de Janeiro: José Olympio, 2004.

MACHADO, Maíra Rocha. *Internacionalização do Direito Penal*: a gestão de problemas internacionais por meio de crime e da pena. São Paulo: Editora 34; Edesp, 2004.

MAKDISI, John. Islamic Law Bibliography. *Law Library Journal*, v. 78, p. 103-187, 1986.

MARKS, Susan. Naming Global Administrative Law. *New York Journal of International Law and Politics*, v. 95, p. 995-1002, 2005.

MARTINEAU, Anne-Charlotte. The Rhetoric of Fragmentation: Fear and Faith in International Law. *Leiden Journal of International* Law, v. 22, n. 1, 2009.

MASUD, Muhammad Khalid. Islamic Law and Muslim Minorities. *International Institute for the Study of Islam in the Modern World Newsletter*, n. 11, 2002.

MCLEAN, Janet. Divergent Conceptions of the State: Implications for Global Administrative Law. *Law and Contemporary Problems*, v. 68, n. 3, p. 167-187, 2005.

MERCOSUL. Tribunal Arbitral – Laudo Arbitral de las presentes actuaciones ante este Tribunal Arbitral relativas a la controversia entre la República Oriental del Uruguay (Parte Reclamante, en adelante "Uruguay") y la República Federativa del Brasil (Parte Reclamada, enadelante "Brasil") sobre "Prohibición de Importación de Neumáticos Remoldeados (Remolded) Procedentes de Uruguay, 2006.

MICHAELIS. *Moderno Dicionário da Língua Portuguesa*. São Paulo: Companhia Melhoramentos, 1998.

MICHAELS, Ralf. The Mirage of Non-State Governance. *Utah Law Review*, v. 63, p. 1-15, 2010.

MITCHELL, William John Thomas (ed.). *The Politics of Interpretation* (A critical Inquiry Book). Chicago: University of Chicago Press Journals, 1983.

MOHAMMED, Noor. Principles of Islamic Contract Law. *Journal of Law and Religion*, v. 6, p. 115-130, 1988.

MOURAD, Suleiman A. Islamic Sharia Law – History and Modernity: Some Reflexions. *Revista de Direito Internacional*, Brasília, v. 15, n. 3, p. 25-31, 2018.

NASSER, Salem Hikmat. Direito Global em pedaços: fragmentação, regimes e pluralismo. *Revista de Direito Internacional*, v. 12, p. 98-126, 2015.

NASSER, Salem Hikmat. Direito Islâmico e Direito Internacional: os termos de uma relação. *Revista Direito GV*, v. 8, n. 2, p. 725-744, 2012.

NASSER, Salem Hikmat. Rule of Law e Direito International: uma nova aproximação. *In*: VILHENA, Oscar; DIMOULIS, Dimitri (ed.). *Estado de Direito e o Desafio do Desenvolvimento*. São Paulo: Saraiva, 2011.

NASSER, Salem H. Comentário – Capítulo V: O Supremo Tribunal Federal em face da transnacionalidade do direito. *In*: NEVES, Marcelo (coord.). *Transnacionalidade do Direito* – Novas perspectivas dos conflitos entre ordens jurídicas. São Paulo: Quartier Latin, 2010. p. 299-302.

NASSER, Salem Hikmat. *Fontes e normas do Direito Internacional*: um estudo sobre a Soft Law. 2. ed. São Paulo: Atlas, 2006.

NASSER, Salem Hikmat. Seria a *sharia* a única fonte do direito nos países árabes? *In*: ARAÚJO, Heloisa Vilhena (org.). *Diálogo América do Sul* – Países árabes. Brasília: Funag, IPRI, 2005. p. 37-64.

NASSER, Salem Hikmat; GHIRARDI, José Garcez. Law and Globalization: A Critique of a Dialectic Relation. *Revista da Faculdade de Direito UFMG*, Belo Horizonte, n. 77, p. 339-357, jul./dez. 2020.

NASSER, Salem Hikmat; GHIRARDI, José Garcez. O divino e o racional no Direito: notas para um diálogo entre sistemas jurídicos. *Revista de Direito Internacional*, Brasília, v. 17, n. 1, p. 180-194, 2020.

NASSER, Salem Hikmat; GHIRARDI, José Garcez. O que se diz e o que se cala: a governança entre a fuga do Direito e a busca pelo controle. *NOMOS*, Fortaleza, v. 38, p. 731-743, 2018.

NELSON, Janet. The Dark Ages. *History Workshop Journal*, n. 63, 2007, p. 191-201.

OMC. *Brasil* – Measures Affecting Imports of Retreaded Tyres, Status Report by Brazil, Notification of an Appeal by the European Communities under Article 16.4 and Article 17 of the Understanding on Rules and Procedures Governing the Settlement of Disputes (DSU), and under Rule 20(1) of the Working Procedures for Appellate Review, 2007, (WT/DS332/9).

OMC. *Brasil* – Measures Affecting Imports of Retreaded Tyres, Status Report by Brazil, 2009 (WT/ DS332/19).

OMC. *Brasil* – Measures Affecting Imports of Retreaded Tyres., 2008 (WT/ DS332/16).

ONU. *Fragmentation of International Law*: Difficulties Arising from Diversification and Expansion of International. CDI, 2006.

OST, François. *Raconter la Loi*: Aux sources de l'imaginaire juridique. Paris: Odile Jacob, 2004.

OST, François; KERCHOVE, Michel van de. *De la pyramide au réseau?* Pour une théorie dialictique du droit. Bruxelas: Presses des Facultés Universitaires Saint Louis, 2002.

OST, François; KERCHOVE, Michel van de. Le système juridique entre ordre et désordre. Paris: Presses Universitaires de France, 1988.

OUBROU, Tareq. La sharia de minorité. *In*: FRÉGOSI, Franck (org.). *Lectures contemporaines du droit islamique.* Strasbuourg: Presses Universitaires de Strasbourg, 2004. p. 205-230.

PALOMBELLA, Gianluigi. Global Law and the Law on the Globe. Layers, Legalities and the Rule of Law Principle. *Italian Journal of Publica Law*, v. 4, p. 53-92, 2012.

PEER, Zumbansen. Defining the Space of Transnational Law: Legal Theory, Global Governance, and Legal Pluralism. *Journal of Transnational Law & Contemporary Problems*, v. 21, n. 2, p. 305-336, 2012.

PELLET, Alain. Can a State Commit a Crime? Definitely Yes! *European Journal of International Law*, v. 10, p. 425-434, 1999.

PERMANENT COURT OF ARBITRATION. PCA Caso n. 2005-03/AA226, Hulley Enterprises Ltd. (Cyprus) *v.* Russian Federation. 2005. Disponível em: https://investmentpolicy.unctad.org/investment-dispute-settlement/cases/212/hulley-enterprises-v-russia. Acesso em: 5 maio 2021.

PERMANENT COURT OF ARBITRATION. PCA Case N. 2005-04/AA227, Yukos Universal Limited (Isle of Man) *v.* The Russian Federation, 2005. Disponível em: https://investmentpolicy.unctad.org/investment-dispute-settlement/cases/213/yukos-universal-v-russia. Acesso em: 5 maio 2021.

PERMANENT COURT OF ARBITRATION. PCA Case N. 2005-05/AA228, Veteran Petroleum Limited *v.* The Russian Federation, 2005. Disponível em: https://investmentpolicy.unctad.org/investment-dispute-settlement/cases/211/veteran-petroleum-v-russia. Acesso em: 5 maio 2021.

PESSOA, Fernando. *Obra poética.* Volume Único. Rio de Janeiro: Nova Aguilar, 1986.

PIATTONI, Simona. Multi-level Governance: a Historical and Conceptual Analysis. *Journal of European Integration*, v. 31, n. 2, p. 163-180, 2009.

POSNER, Richard. *The Crisis of Capitalist Democracy.* Cambridge, MA: Harvard University Press, 2011.

RAYER, Susan E. *The Theory of Contracts in Islamic Law*: A Comparative Analysis with Particular Reference to the Modern Legislation in Kuwait, Bahrain and the United Arab Emirates. Londres: Graham&Trotman, 1991.

RAZ, Joseph. O conceito de sistema jurídico: uma introdução à teoria dos sistemas jurídicos. São Paulo: Martins Fontes, 2012.

REHMAN, Javaid. The Sharia, Islamic Family Laws and International Human Rights Law: Examining the Theory and Practice of Polygamy and Talaq. *International Journal of Law, Policy and the Family*, n. 21, p. 108-127, 2007.

RICOEUR, Paul. Imagination et métaphore. *Psychologie Médicale*, Lille, v. 14, 1982. Disponível em: http://www.fondsricoeur.fr/uploads/medias/articles_pr/imagination-et-metaphore-1.pdf. Acesso em: 19 jul. 2021.

ROSANVALLON, Pierre. *La contre-démocratie*. La politique à l'âge de la défiance. Paris: Seuil, 2006.

RUBIN, Alfred P. Universal Jurisdiction: Myths, Realities, and Prospects: *actio popularis, jus cogens* and Offenses *erga omnes*? *New England Law Review*, v. 35, p. 265-280, 2001.

SACK, Peter. Perspectives occidentales e non-occidentales do droit. *In*: CAPELLER, Wanda; KITAMURA, Takanori, *Une Introduction aux Cultures Juridiques non Occidentales*. Bruxelas: Bruylant, 1998. p. 45-57.

SALAH, Mahmoud Mohamed. *Les contradictions du droit mondialisé*. Paris: PUF, 2002.

SALAMA, Randa. Fragmentation of International Law: Procedural Issues Arising of the Sea Disputes. *Australian and New Zealand Maritime Law Journal*, v. 19, p. 24-55, 2005.

SALEH, Nabil A. *Unlawful Gain and Legitimate Profit in Islamic Law*: Riba, Gharar, and Islamic Banking. 2. ed. Londres, 1992.

SALMON, Jean. *Dictionnaire de Droit International Public*. Bruxalas: Bruylant, 2001.

SANTOS, Boaventura (org.). *A globalização e as Ciências Sociais*. 4. ed. São Paulo: Cortez, 2002.

SAUSSURE, Ferdinand de. *Curso de Linguística geral*. São Paulo: Cultrix, 1989.

SAWYER, Geoffrey. The Death Penalty is Dead Wrong: *jus cogens* Norms and the Evolving Standard of Decency. *Penn State International Law Review*, v. 22, p. 459-481, 2004.

SCHIFF BERMAN, Paul. *Global Legal Pluralism*: A Jurisprudence of Law Beyond Borders. Cambridge: Cambridge University Press, 2014.

SCHMIDT-ASSMAN, Eberhard. The Internationalization of Administrative Relations as a Challenge for Administrative Law Scholarship. *German Law Journal*, v. 9, n. 11, 2006.

SHAFFER, Gregory; GINSBURG, Tom. The Empirical Turn in International Legal Scholarship. *The American Journal of International Law*, v. 106, n. 1, p. 1-46, jan. 2012.

SHAPIRO, Martin. Administrative Law Unbounded: Reflections on Government and Governance. *Indiana Journal of Legal Studies*, v. 8, n. 2, p. 369-377, 2001.

SHAPIRO, Martin. The Globalization of Law. *Indiana Journal of Global Legal Studies*, v. 1, p. 973-994, 1993.

SHELLEY, Percy Bysshe. *The Complete Poems of Percy Bysshe Shelley*. Kindle edition. Seattle: Modern Library, 2013.

SIMMA, Bruno. Fragmentation in a Positive Light. *Michigan Journal of International Law*, v. 25, p. 845-847, 2012.

SKINNER, Quentin. A Genealogy of the Modern State. *Proceedings of the British Academy*, v. 162, p. 325-370, 2009.

SLAUGHTER, Anne-Marie. Everyday Global Governance. *Research Library Core*, v. 132, n. 1, p. 83-90, 2003.

SLAUGHTER, Anne-Marie. Government Networks, Global Information Agencies, and Disaggregated Democracy. *Harvard Law School Public Law*, working paper n. 08, 2003. Disponível em: http://papers.ssrn.com/abstract=283976. Acesso em 19 jul. 2021.

SLAUGHTER, Anne-Marie. The Real New World Order. *Foreign Affairs*, v. 76, n. 5, 1997.

SLOANE, Peter D. The Status of Islamic Law in the Modern Commercial World. *International Lawyer*, n. 22, p. 743-766, 1988.

STEINSALTZ, Adin. *Introducción al Talmud*. Barcelona: Riopiedras, 2000.

STIGLITZ, Joseph. A globalização e seus malefícios. São Paulo: Futura, 2002.

STOCKHOLM CHAMBER OF COMMERCE. SCC Case N. V079/2005, RosInvestCo UK Ltd. *v*. The Russian Federation, 2005. Disponível em: https://investmentpolicy.unctad.org/investment-dispute-settlement/cases/184/rosinvest-v-russia. Acesso em: 5 maio 2021.

STOCKHOLM CHAMBER OF COMMERCE. SCC Case N. 24/2007, Renta 4 S.V.S.A, Ahorro Corporación Emergentes F.I., Ahorro Corporación Eurofondo F.I., Rovime Inversiones SICAV S.A., Quasar de Valors SICAV S.A., Orgor de Valores SICAV S.A., GBI 9000 SICAV S.A. v. The Russian Federation. 2007. Disponível em: https://investmentpolicy.unctad.org/investment-dispute-settlement/cases/258/renta-4-s-v-s-a-and-others-v-russia. Acesso em: 5 maio 2021.

SUPIOT, Alain. *La Gouvernance par les Nombres*. Cours au Collège de France (2012 – 2014). Paris: Fayard – Poids et mesures du monde, 2015.

TAYLOR, Charles. *A Secular Age*. Cambridge: Harvard University Press, 2007.

TAYLOR, Charles. *Modern Social Imaginaries*. Durham and London: Duke University Press, 2004.

TERRÉ, François. *La mondialisation entre illusion e utopie*. Paris: Dalloz, 2003.

TEUBNER, Gunther. Global Bukowina: Legal Pluralism in the World Society. *In*: TEUBNER, Gunther (ed.). *Global Law in the World Society*. Dartmouth: Aldershot, 1997. p. 3-28.

TEUBNER, Gunther; PETER, Kurt. Two Kinds of Legal Pluralism: Collision of Transnational Regimes in the Double Fragmentation of World Society. *In*: YOUNG, Margaret A. (ed.). *Regime Interaction in International Law*: Facing Fragmenation. Cambridge: Cambridge University Press, 2012.

TIBI, Bassam. Islamic Law/Shari'a, Human Rights, Universal Morality and International Relations. *Human Rights Quarterly*, v. 16, p. 277-299, 1994.

TIDM. Caso Mox Pant. (Irlanda *v*. Reino Unido), Medidas Cautelares, N. 10, Ordem 2001/3, 2001. Disponível em: https://itlos.org/fileadmin/itlos/documents/cases/case_no_10/published/C10-O-3_dec_01.pdf. Acesso em: 5 ago. 2021.

TIDM. Caso Mox Plant. (Irlanda *v*. Reino Unido), Memorial da Irlanda, v. 1, 2002, §§ 4.35-4.36.

TIDM. Caso Mox Plant. (Irlanda *v*. Reino Unido), Medidas cautelares com base no art. 290, § 5º, da Convenção do Mar das Nações Unidas, n. 10, Ordem 2001/5, 2001.

TOURAINE, Alain. *Crítica da modernidade*. Petrópolis: Vozes, 1998.

TRIBUNAL EUROPEU DOS DIREITOS HUMANOS. Application n. 14902/04, OAO Neftyanaya Kompaniya Yukos *v*. Russia. Estrasburgo, 31 jul. 2014.

TRUBEK, David M.; TRUBEK, Louise G. New Governance & Legal Regulation: Complementarity, Rivalry, and Transformation. *Columbia Journal of International Law*, v. 13, p. 1-26, 2007.

TWINING, William. *Implications of "Globalisation" for Law as a Discipline*. London: Legal Theory and the Legal Academy, 2010, v. 3.

TWINING, William. *Globalisation & Legal Theory*. Cambridge: Cambridge University Press, 2000.

UHLMANN, Eva M. Kornicker. State community interests, jus cogens and protection of the global environment: developing criteria for peremptory norms. *Georgetown International Environmental Law Review*, v. 11, p. 101-135, 1998.

UNIÃO EUROPEIA. Tribunal Europeu de Justiça (Tribunal Geral). *Casos C–402/05 P e C–415/05*, P. Yassin Abdullah Kadi and Al Barakaat International Foundation *v*. Council of the European Union and Commission of the European Communities. Luxemburgo, 3 set. 2008. ECR I–6351, 2008.

UNICEUB. Direito Transnacional. *Revista de Direito Internacional*, v. 13, n. 3, 2016.

UNITED NATIONS. International Law Commission. *Report on the work of its fifty-eighth session* (1 May to 9 June and 3 July to 11 August 2006). General Assembly Official Records, Sixty-first Session Supplement n. 10 (A/61/10). Disponível em: https://legal.un.org/ilc/documentation/english/a_cn4_l682.pdf. Acesso em: 6 maio 2021.

VENTURA, Deisy. A interpretação judicial da Lei de Anistia brasileira e o Direito Internacional. *Revista de Direito do Estado*, Rio de Janeiro, Renovar, n. 17-18, 2010.

WALKER, Neil. *Intimations of Global Law*. Cambridge: Cambridge University Press, 2014.

WEERAMANTRY. *Legality of the Threat or Use of Nuclear Weapons Advisory Opinion*, 8 jul. 1996 (CIJ, 1996).

WEERAMANTRY. *Opinião individual*. Gabcíkovo-Nagymaros Project (Hungary/ Slovakia). Judgment of 25 September 1997 (CIJ, 1997).

WEIL, Prosper. Vers une normativité relative em droit international? Revue Générale de Droit International Public, p. 5-47, 1982.

WEILER, Joseph H. H.; PAULUS, Andreas L. The Structure of Change in International Law or Is There a Hierarchy of Norms in International Law? *European Journal of International Law*, v. 8, n. 4, p. 545-565, 1997.

WEISBURD, A. Mark. The Emptiness of the Concept of *jus cogens*, as Illustrated by the War in Bosnia-Herzegovina. *Michigan Journal of International Law*, v. 17, p. 1-51, 1995.

WEISS, Bernard. Interpretation in Islamic Law: The Theory of IJTIHAD. *The American Journal of Comparative Law*, v. 26, p. 199-212, 1977-1978.

WESTBROOK, David A. Islamic International Law and Public International Law: separate Expressions of World Order. *Virginia Journal of International Law*, v. 33, p. 819-897, 1993.

WET, Erika de. The Prohibition of Torture as an International Norm of *jus cogens* and Its Implications for National and Customary Law. *European Journal of International Law*, v. 15, p. 97-121, 2004.

WHITE, Hayden. The Question of Narrative in Contemporary Historical Theory. *History and Theory*, v. 23, n. 1, 1984.

WHITE, Hayden V. *Metahistory*: The Historical Imagination in Nineteenth-Century Europe. Baltimore: Johns Hopkins University Press, 1973.

WORLD INTELLECTUAL PROPERTY ORGANIZATION (WIPO). Arbitration and Mediation Center (Domain Name Dispute Resolution). Case n. D20000847, Madonna Ciccone, p/k/a Madonna v. Dan Parisi and "Madonna.com". Genebra, 12 out. 2000.

WORLD INTELLECTUAL PROPERTY ORGANIZATION (WIPO). Disponível em: https://www.wipo.int/portal/en/index.html. Acesso em: 6 maio 2021.

